afghanistan zero
simon norfolk

for catina
'of night, and the light and the half light…'

afghanistan zero

simon norfolk

EDITION BRAUS

chronotopia

Die europäische Kunst begeistert sich schon seit langem für Untergang und Verwüstung, wozu es in keiner anderen Kultur eine Parallele gibt. Seit der Renaissance malten Künstler wie Claude Lorraine und Caspar David Friedrich zerstörte klassizistische Paläste und gotische Kirchen, umhüllt vom Licht einer verblassenden, goldenen Dämmerung. Diese Motive wurden zum Symbol dafür, daß auch die größten Erschaffungen der Zivilisation – das Römische und Griechische Reich oder die Katholische Kirche - niemals von Dauer waren. Auch diese würden schließlich, bezwungen von Wilden, untergehen und sich im Unterholz verlieren. Das einzige was bleiben würde und auf das man sich wirklich verlassen konnte, war Gott. Und die einzige rationale Antwort des Menschen im Angesicht von Gottes Macht war Ehrfurcht.

Auch die Landschaften Afghanistans gebieten Ehrfurcht, aber die Gefühle von Angst und Belanglosigkeit unterliegen nicht der Macht Gottes, sondern der Macht moderner Waffen.

Afghanistan ist einzigartig und unterscheidet sich völlig von irgendeiner anderen durch Krieg verheerten Landschaft. In Bosnien, Dresden oder zum Beispiel an der Somme hat die Zerstörung in einem bestimmten Zeitabschnitt stattgefunden und wurde durch eine kleine Auswahl an Waffen hervorgerufen. Doch allein durch die bloße Länge des Krieges in Afghanistan, der jetzt seit 24 Jahren das Land verwüstet, wird ein bizarres Ruinenbild vermittelt; verschiedene Momente der Zerstörung legen sich wie sedimentäre Schichten übereinander. Eine Parallele läßt sich in der Geschichte über Heinrich Schliemanns Entdeckung der Überreste der antiken Stadt Troja in den 70er Jahren des 19. Jahrhunderts finden. Bei den Ausgrabungen stieß er auf 9 übereinander liegende Städte. Jede einzelne Stadt war auf den Ruinen der vorhergehenden erbaut und wieder zerstört worden.

Afghanistan beherbergt ähnliche Artefakte, – es scheint ein Archäologiemuseum des Krieges zu sein. Verlassene Panzerwagen und Transportflugzeuge aus der Zeit der sowjetischen Invasion in der 80er Jahren verunstalten das Land wie landwirtschaftlicher Schrott, oder sie dienen als Sockel für Uferstraßen oder Brücken und ragen aus der Erde wie übelwollende Fossilien. Wo in den 90er Jahren gekämpft wurde, erscheint die Landschaft ganz anders. Hier werden ordentlich, sauber gekratzte Skelette zerstörter Gebäude voneinander durch glatte, festgetretene Erde getrennt, wo Minensuchteams die Gegend "gesäubert" haben. In Gegenden, die durch die jüngsten amerikanischen und britischen Luftangriffe zerstört wurden, sind von den Gebäuden nur noch verbogenes Metall und verkohlte Holzdächer übrig (die Präsenz nicht explodierter Bomben schreckt auch die bettelärmsten Plünderer ab), wodurch diese Orte rauh und wie zerfressen wirken.

Mikhail Bakhtin nannte diese Art von Landschaft ein "Chronotope": ein Ort, an dem die Bewegung durch Raum und Zeit gleichzeitig stattfindet, ein Ort, der die "Schichtenhaftigkeit" der Zeit widerspiegelt. "Chronotopia Afghanistan" ist wie ein Spiegel, zerbrochen und in den Sumpf der Vergangenheit geworfen; die Scherben sind glitzernde Bruchstücke vergangener Zivilisationen und verlorener Größe. Hier sieht man ein modernes Beton-Teehaus, das an Stonehenge erinnert; einen Radiosendeturm wie ein englischer Maibaum; die Pyramiden in Giza; die Sternwarte in Jaipur; die Schatzgrube in Petra; und auch die Votivsteinmalereien in den Höhlen von Lascaux.

Die ganze Geschichte hindurch wurden viele Zivilisationen von Barbaren zerstört, jedoch hinterläßt die Zerstörung, egal wie schlimm, immer eine Spur von Hinweisen. Ein Gebäude, das durch die Verheerung einer amerikanischen 15.000 Pfd Bombe zerstört wurde, geht anders in die Geschichte ein, als ein Bau, der langsam von Tausenden und Abertausenden von kleinen Kalashnikov Patronen zu einem Betongerüst reduziert wird. Die Vorstellung eines "Chronotope" ist hier sehr nützlich. Kunsthistorische Erwähnungen könnten von Interesse sein, aber die Zerstörung Afghanistans ist vor allem eine menschliche Tragödie, in der Millionen ihr Leben verloren. Über die Menschen, die in diesen Angriffen getötet wurden, gibt es fast keine Aufzeichnungen - nur die gerichtlichen Spuren verbleiben und erzählen vom Blutbad. Sieht man Afghanistan als ein "Chronotope", ist es möglich, die Beweise, die die Landschaft bietet, mit der Geschichte ihrer humanitären Katastrophe in Verbindung zu bringen. Es weist auf die archäologischen Ruinen hin, die als einzige das schreckliche Leiden aufzeigen, das der moderne Krieg darstellt, ein Leiden, das so unverschämt in der Berichterstattung der heutigen Medien unter den Tisch gekehrt wird.

Irgendwie hatte ich die Zerstörung Afghanistans schon einmal gesehen, nicht direkt, aber in der "Illustrierten Kinderbibel", die mir meine Eltern gaben, als ich noch ein Kind war. Als ich auf den Bildern David sah, wie er Goliath besiegte, dienten diese afghanisch aussehenden Berge und Wüsten als Hintergrund. Als Josua um Jericho kämpfte, waren diese Bäume und Tiere im Mittelgrund gezeichnet. Genauer gesagt, die Landschaften Afghanistans sind genauso, wie ich mir mit meiner kindlichen Fantasie die Apokalypse oder das Armageddon vorstellte. Mir kam es vor, als hätte ich diese Landschaften schon einmal während der feurigen Ermahnungen im Religionsunterricht in der Manchester Sonntagsschule meiner Kindheit erlebt: totale Zerstörung von monumentalem, babylonischem Ausmaß, eingetaucht in das kristallklare Licht eines Sonnenaufgangs in der Wüste.

Achaemenids, Macedonians, Seleucids, Greco-Bactrians, Indo-Greeks, Mauryans, Parthians, Sacas, Yüeh-Chihs, Kushanians, Sassanians, Hepthalites, Hindu-Shahis, early Muslim Arabs, Abbasids, Tahirids,

kingdoms rising, kingdoms falling,
bowing nations, plumèd wars,
weigh them in an hour of dreaming...

w.b.yeats

Samanids, Saffarids, Ilek Khan Turks, Ghaznavids, Turkish Ghorids, Seljuk Turks, Turkish Khwarazm Shahs, Delhi Sultans, Mongols, Karts, Timurids, Shaybanis, Safavids, Moghuls, Soviets, Americans.

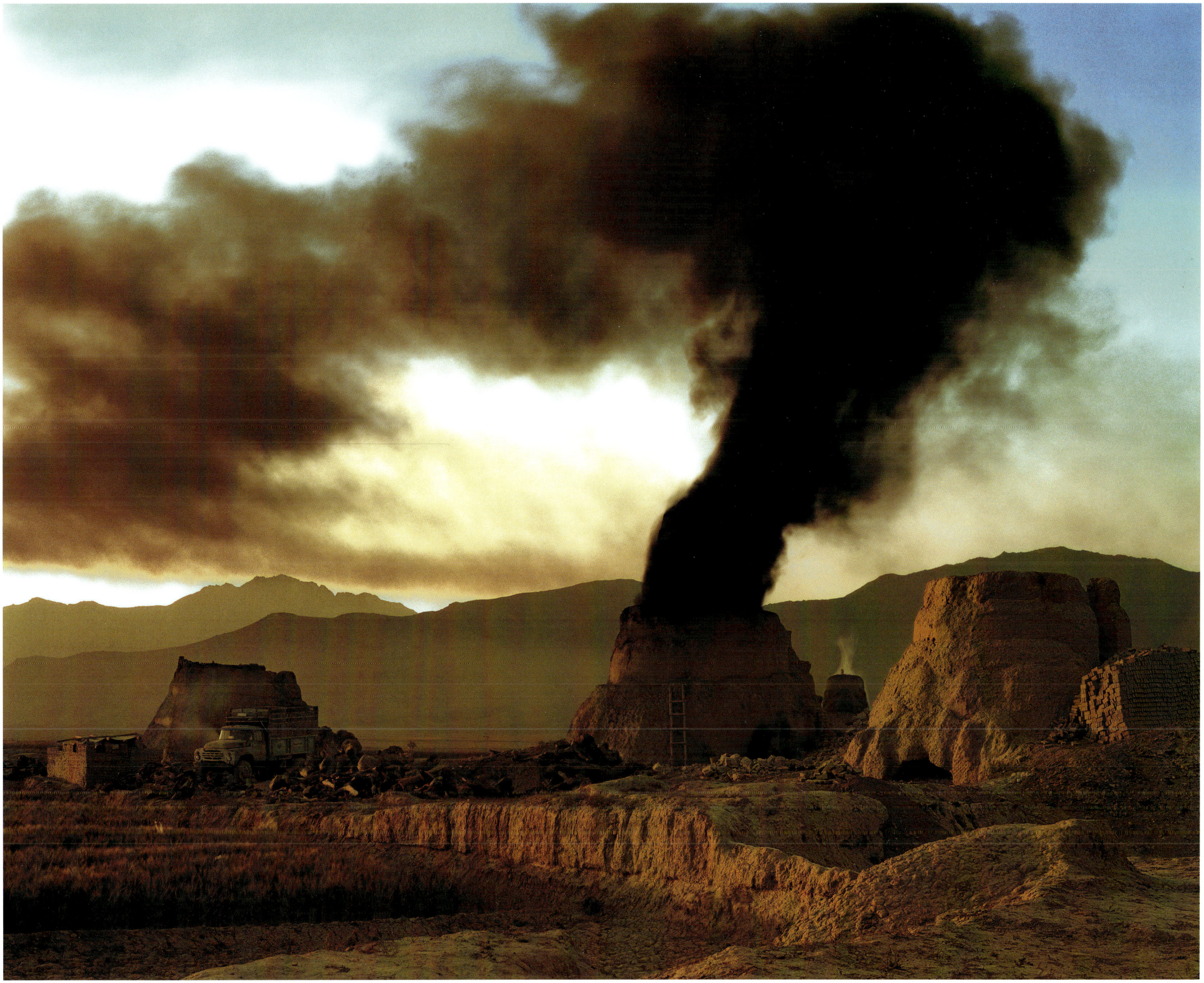

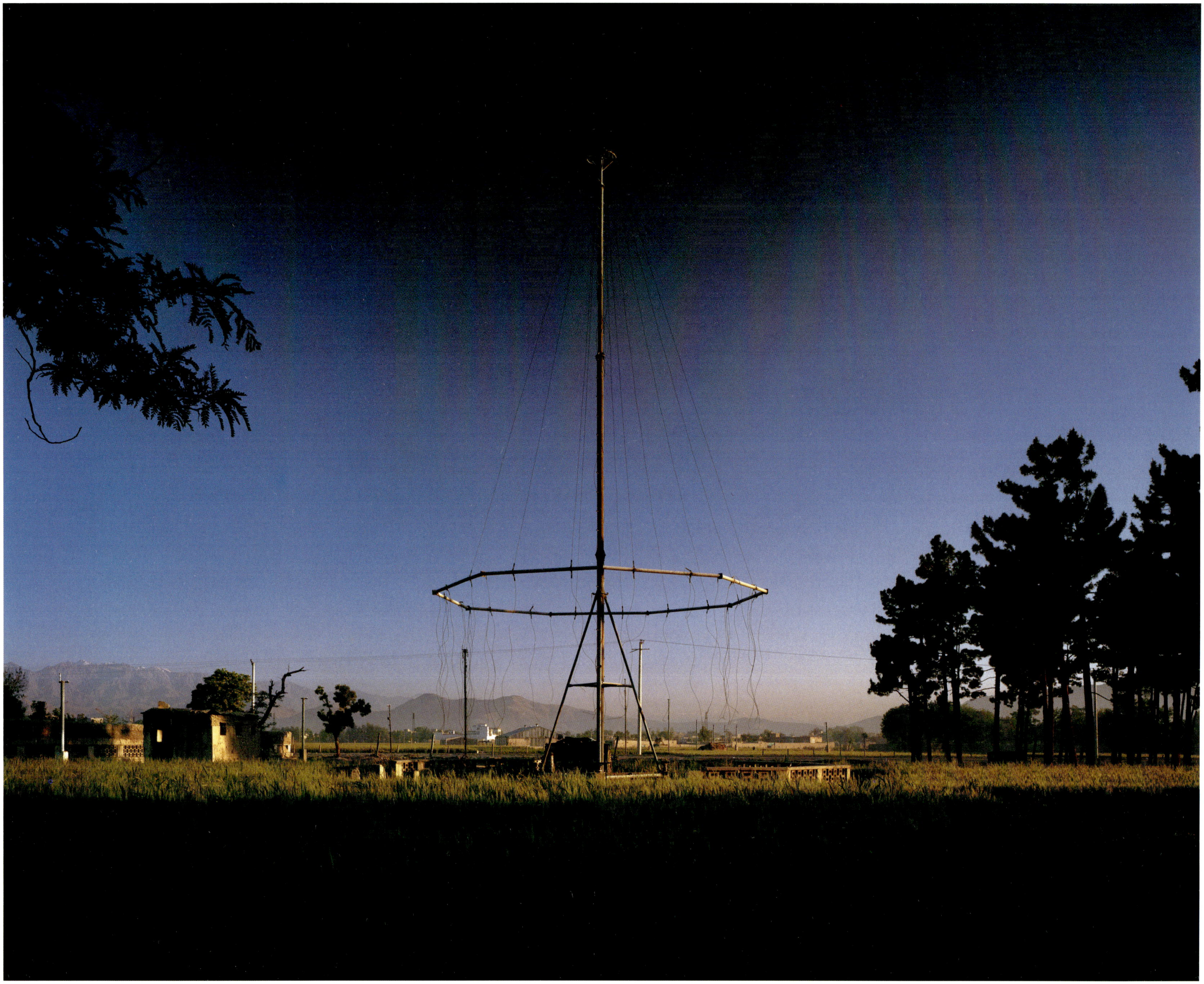

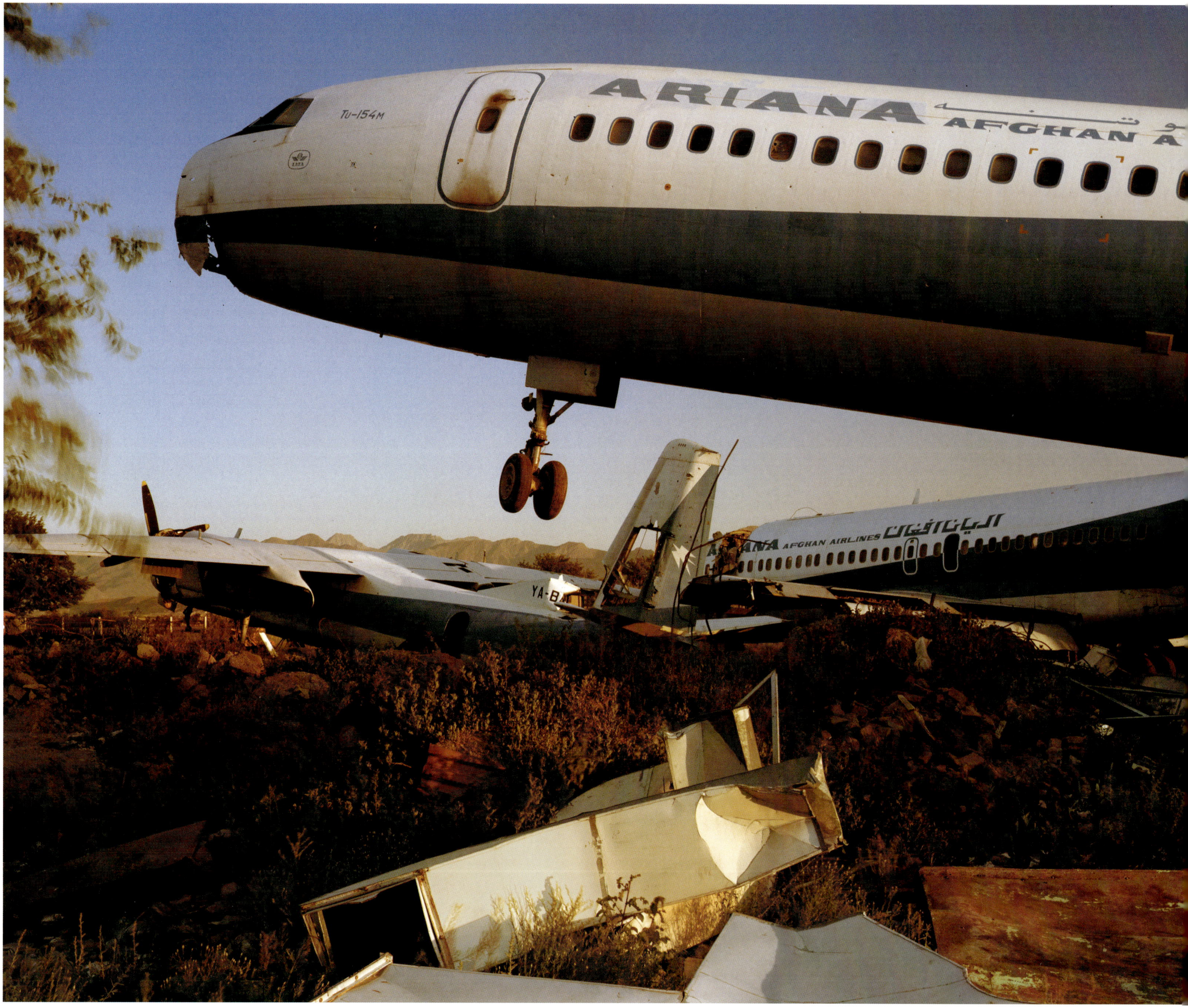
ARIANA
AFGHAN
Tu-154M
ARIANA AFGHAN AIRLINES

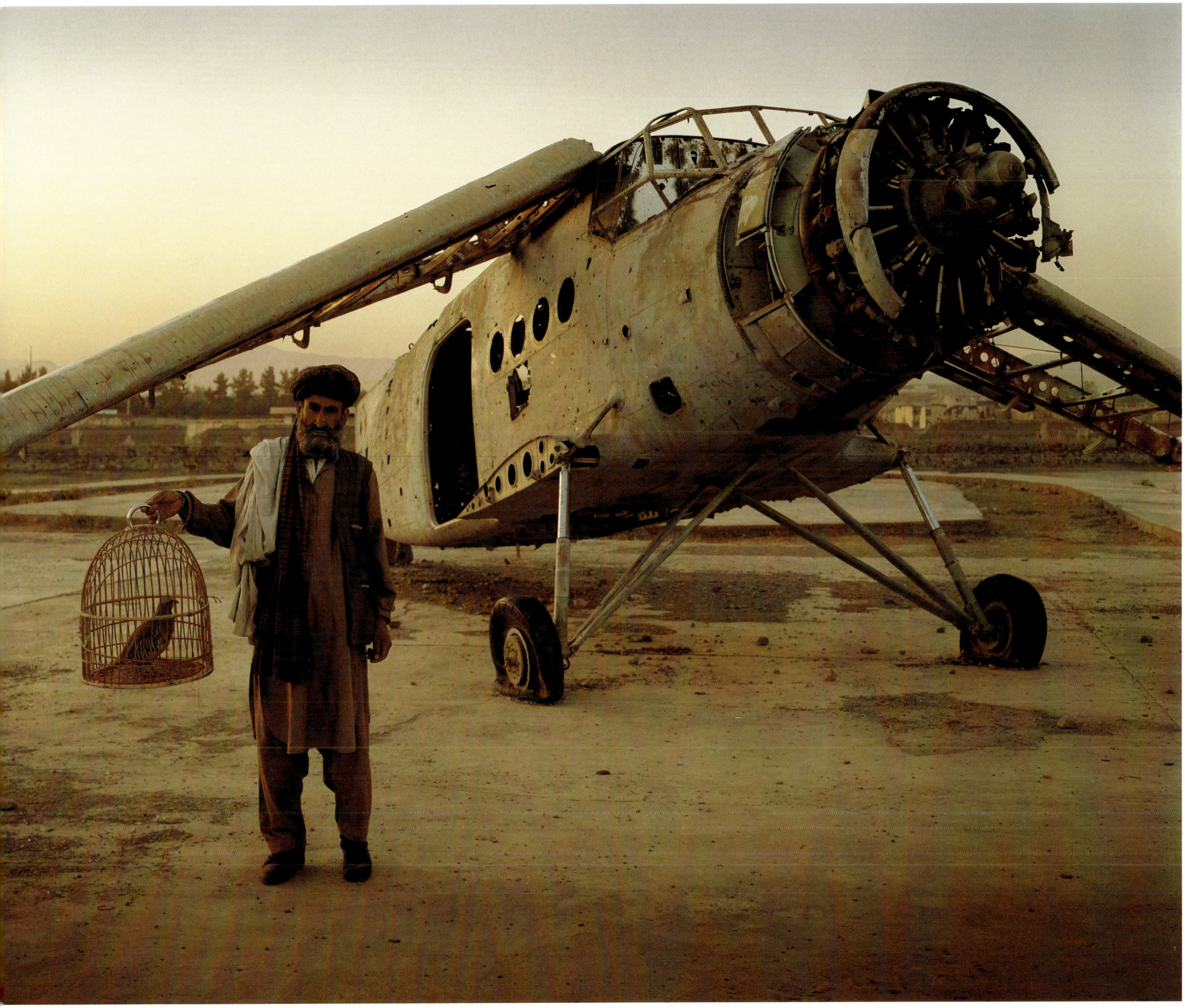

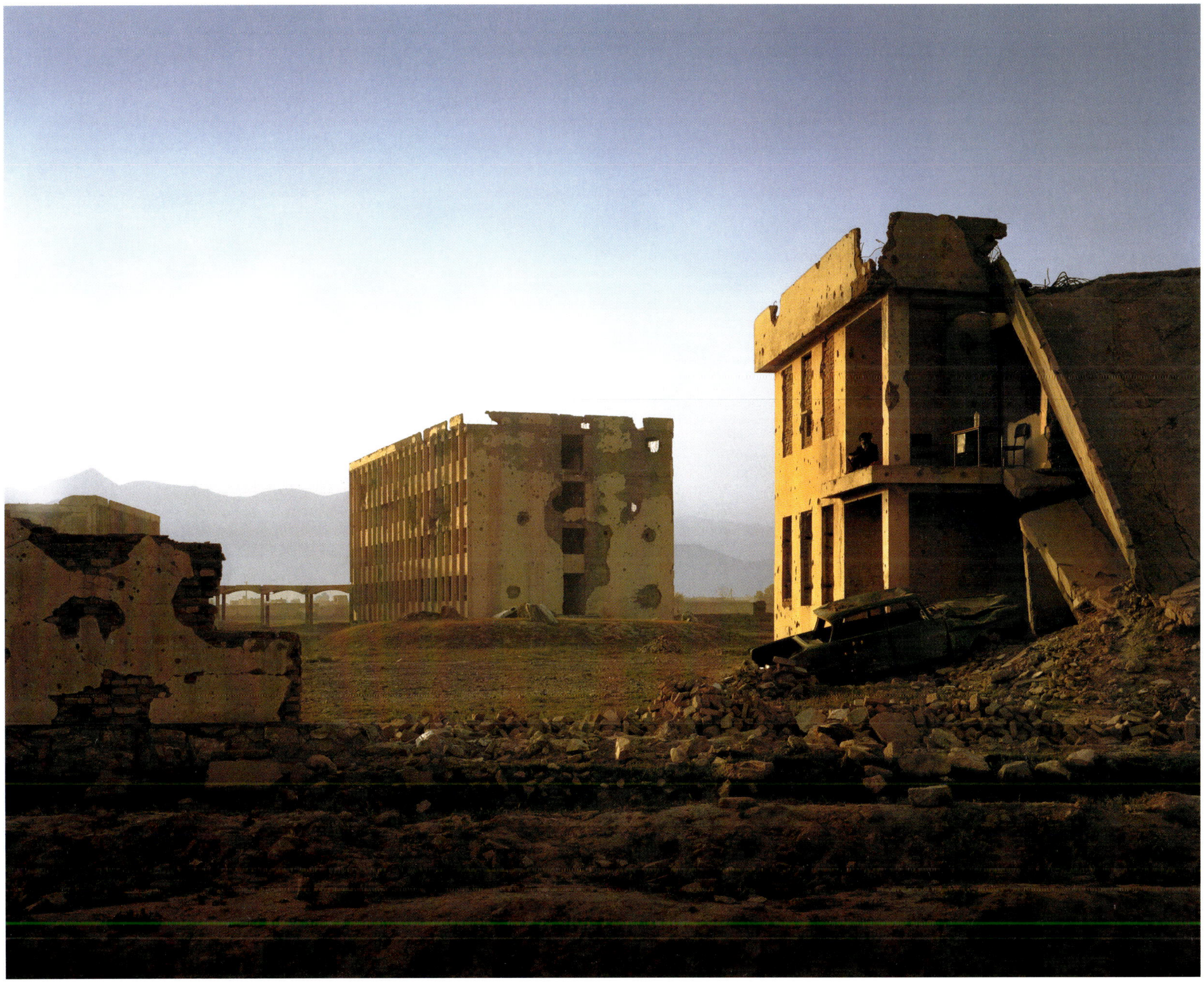

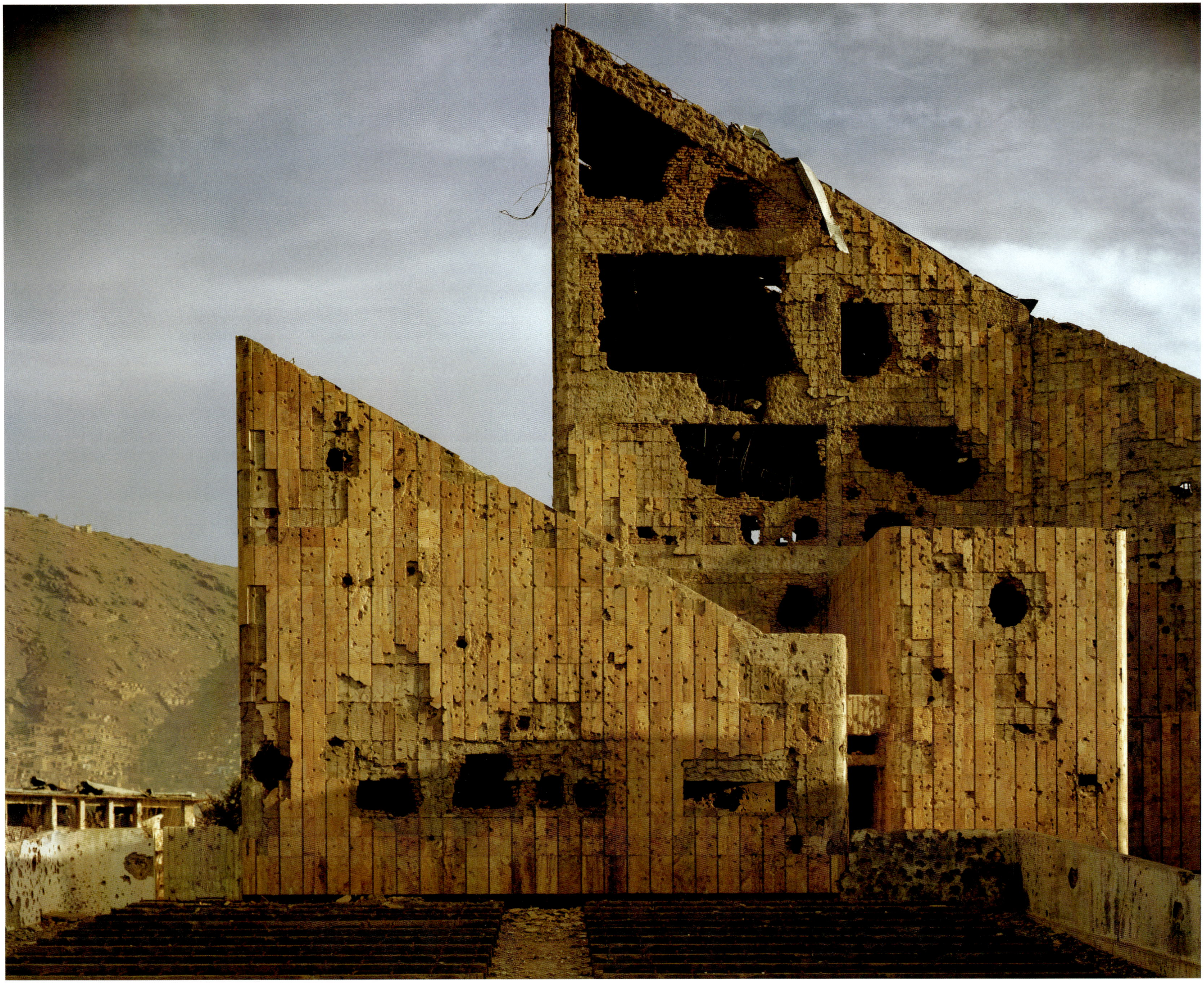

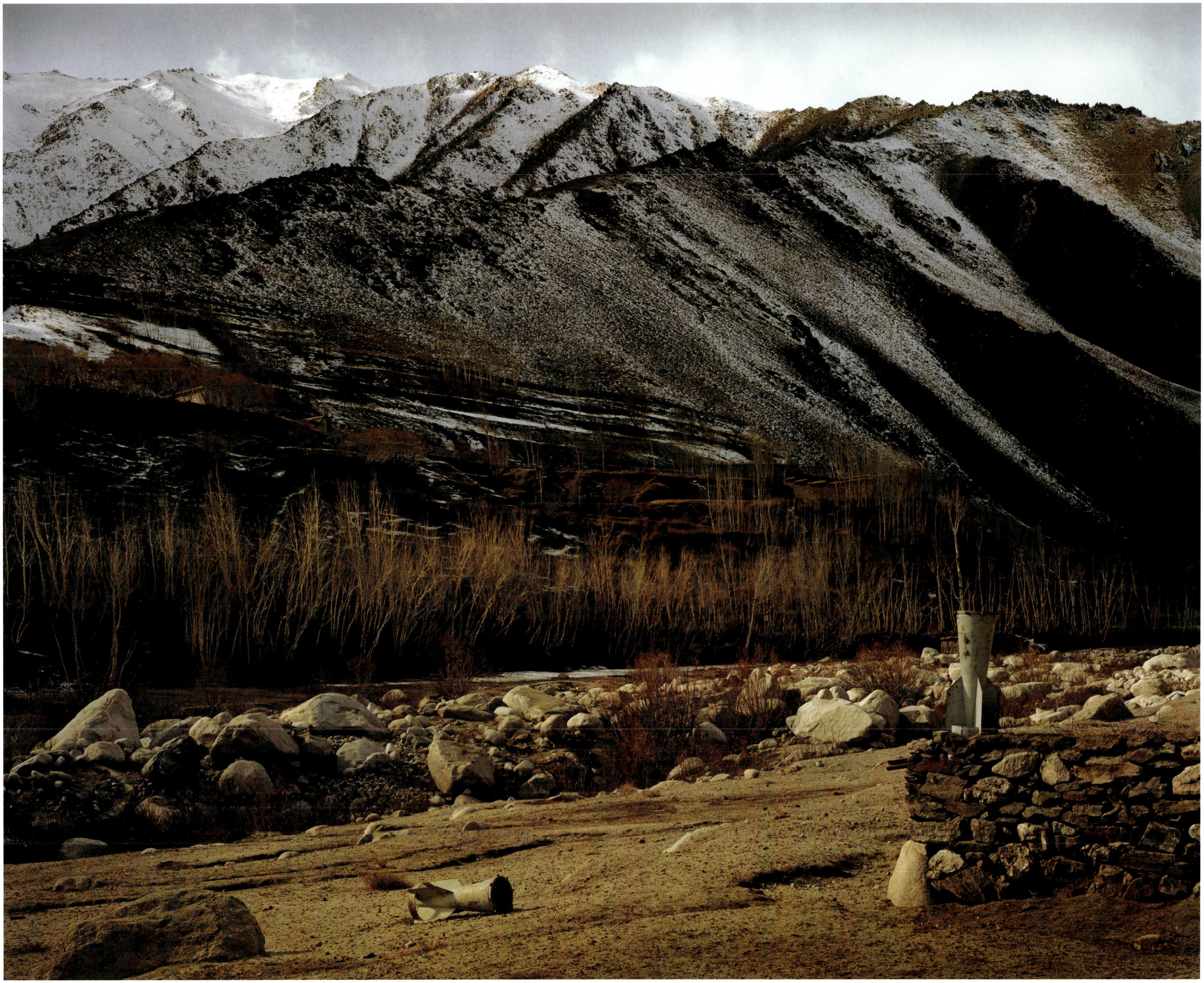

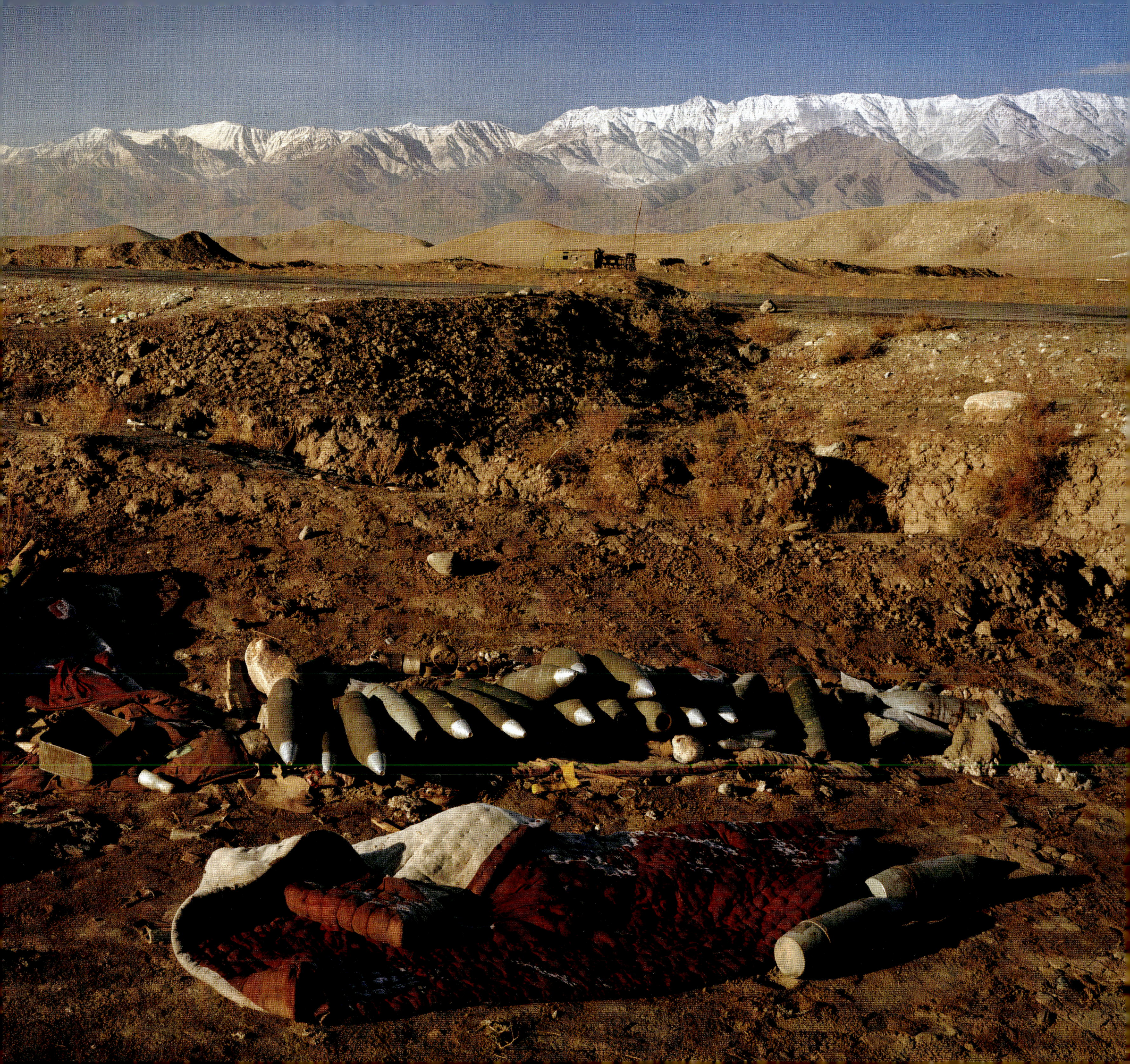

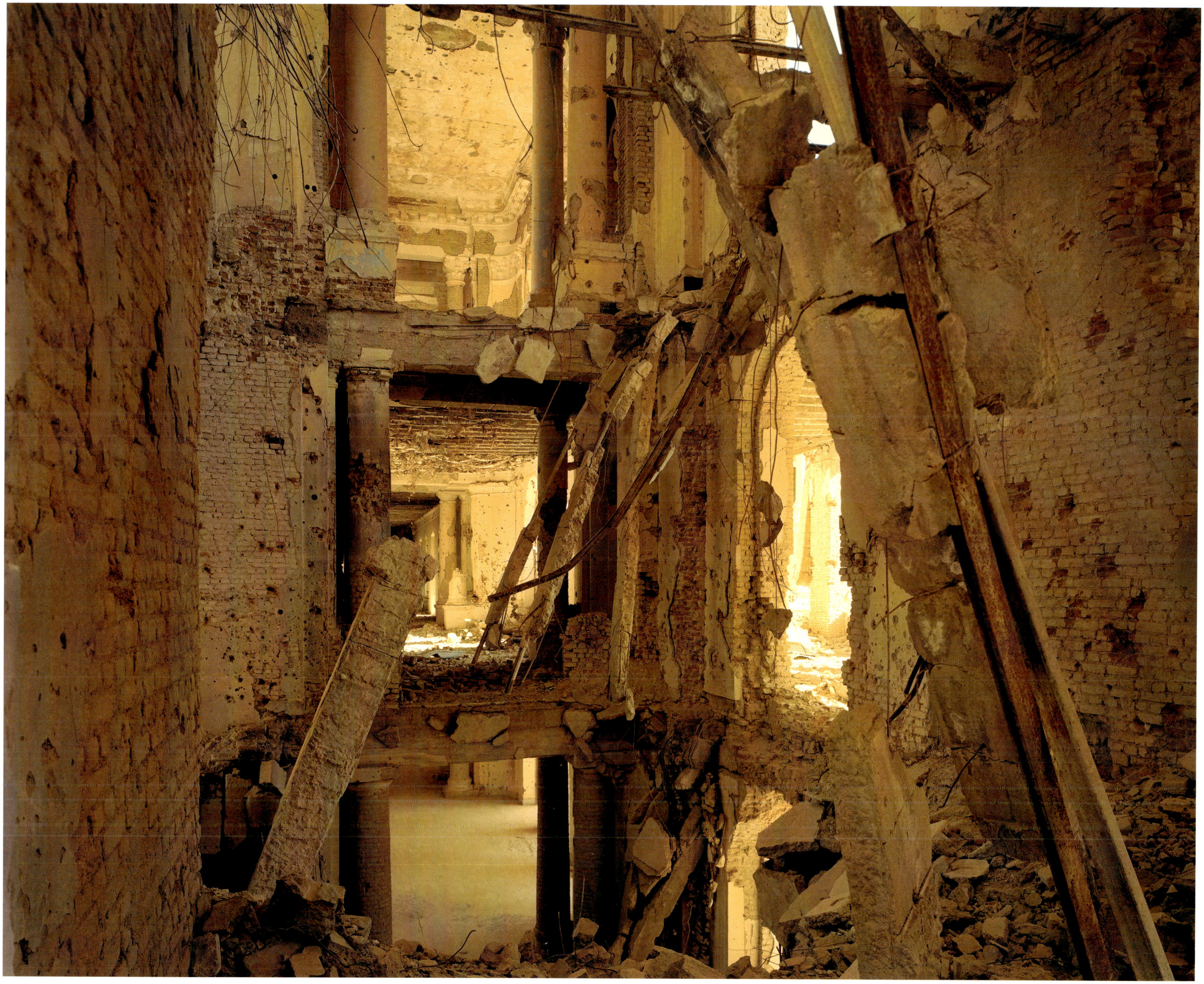

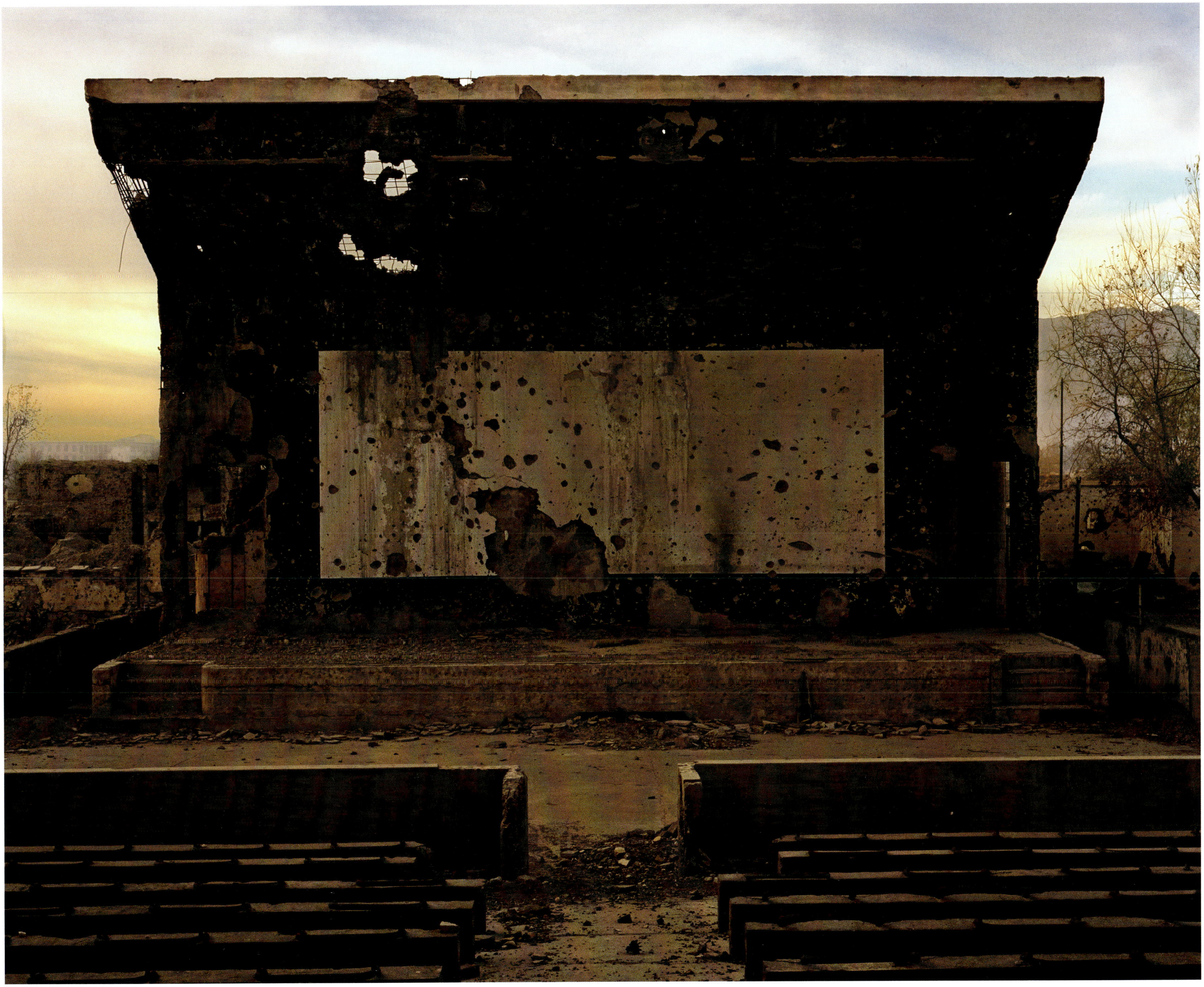

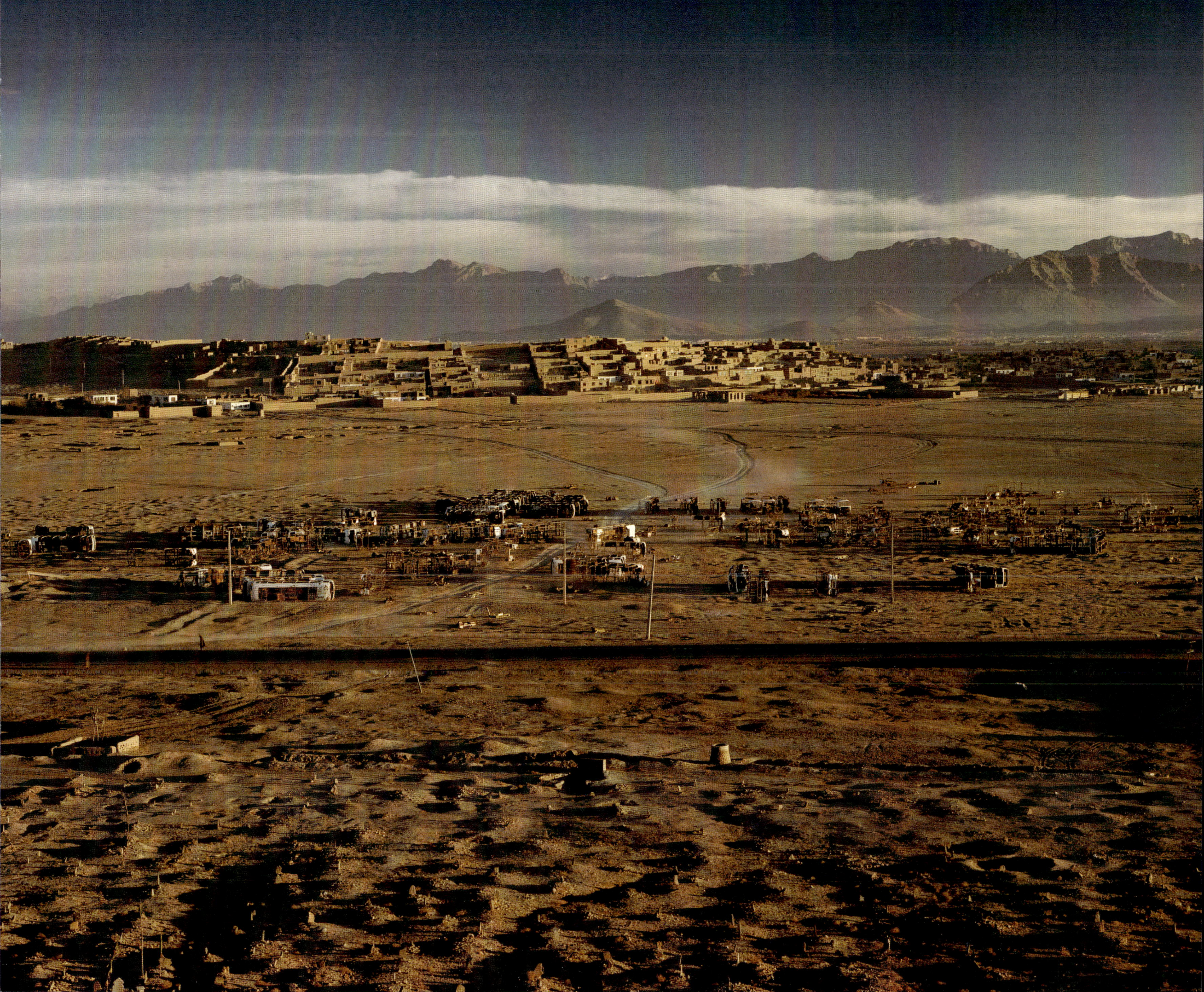

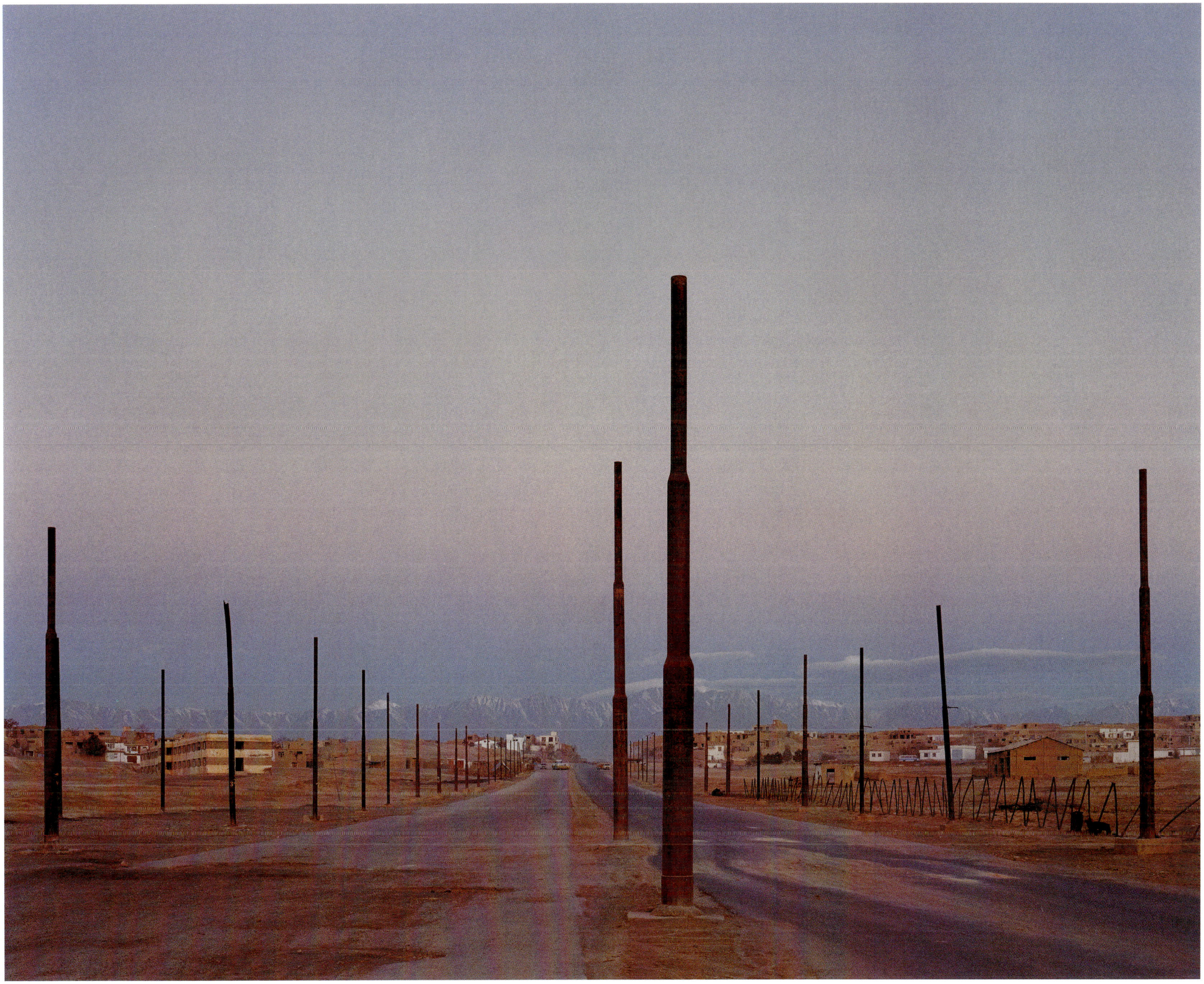

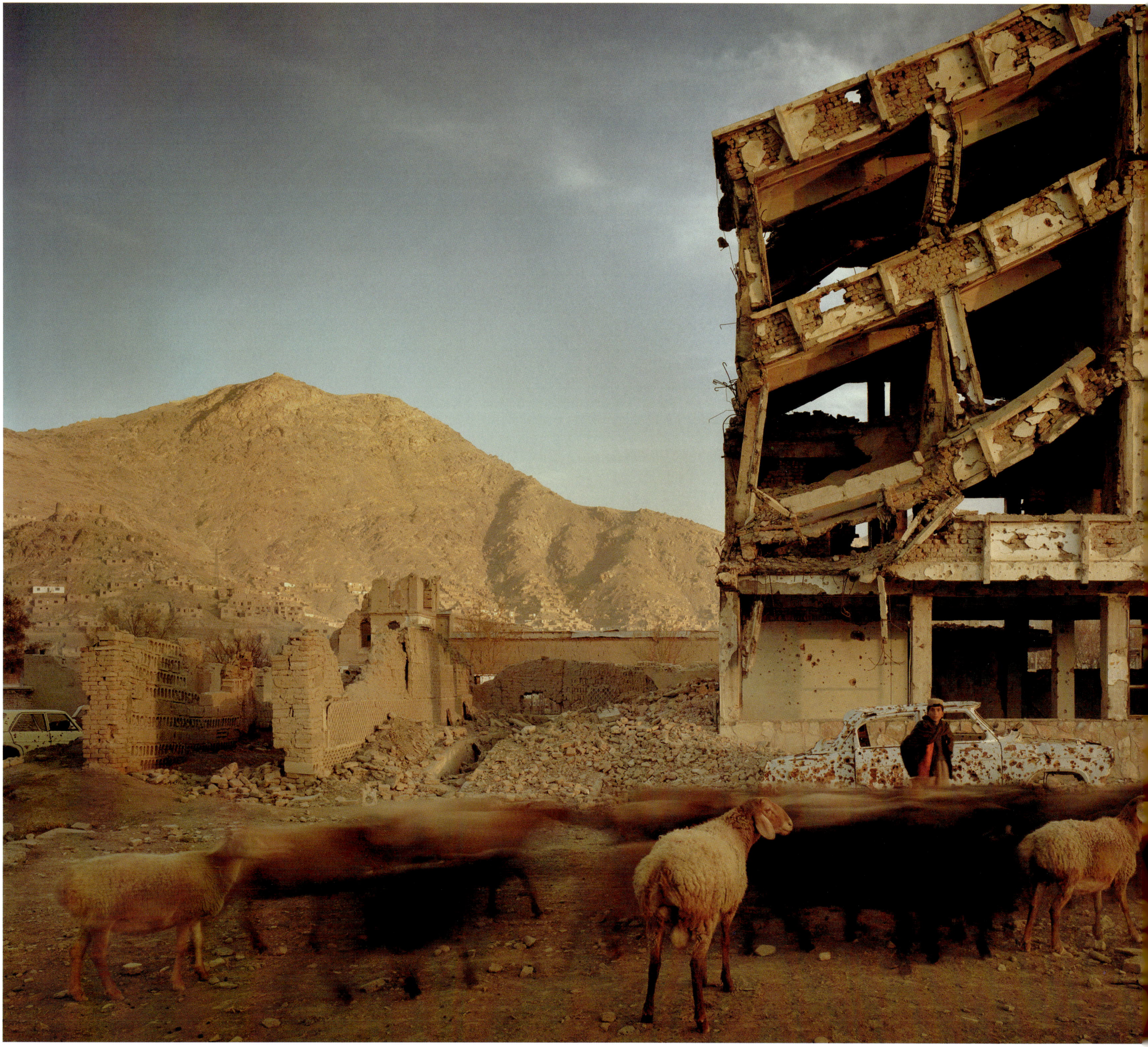

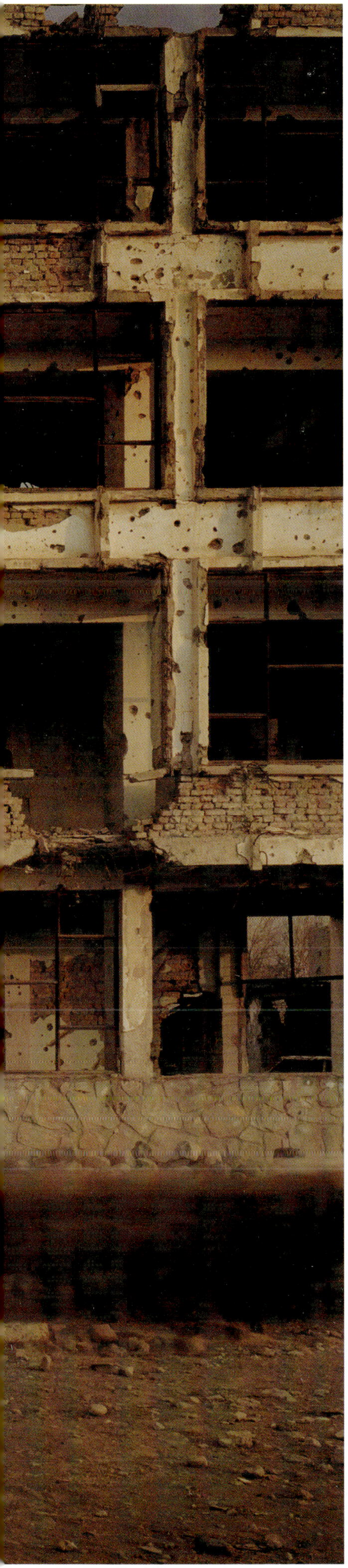

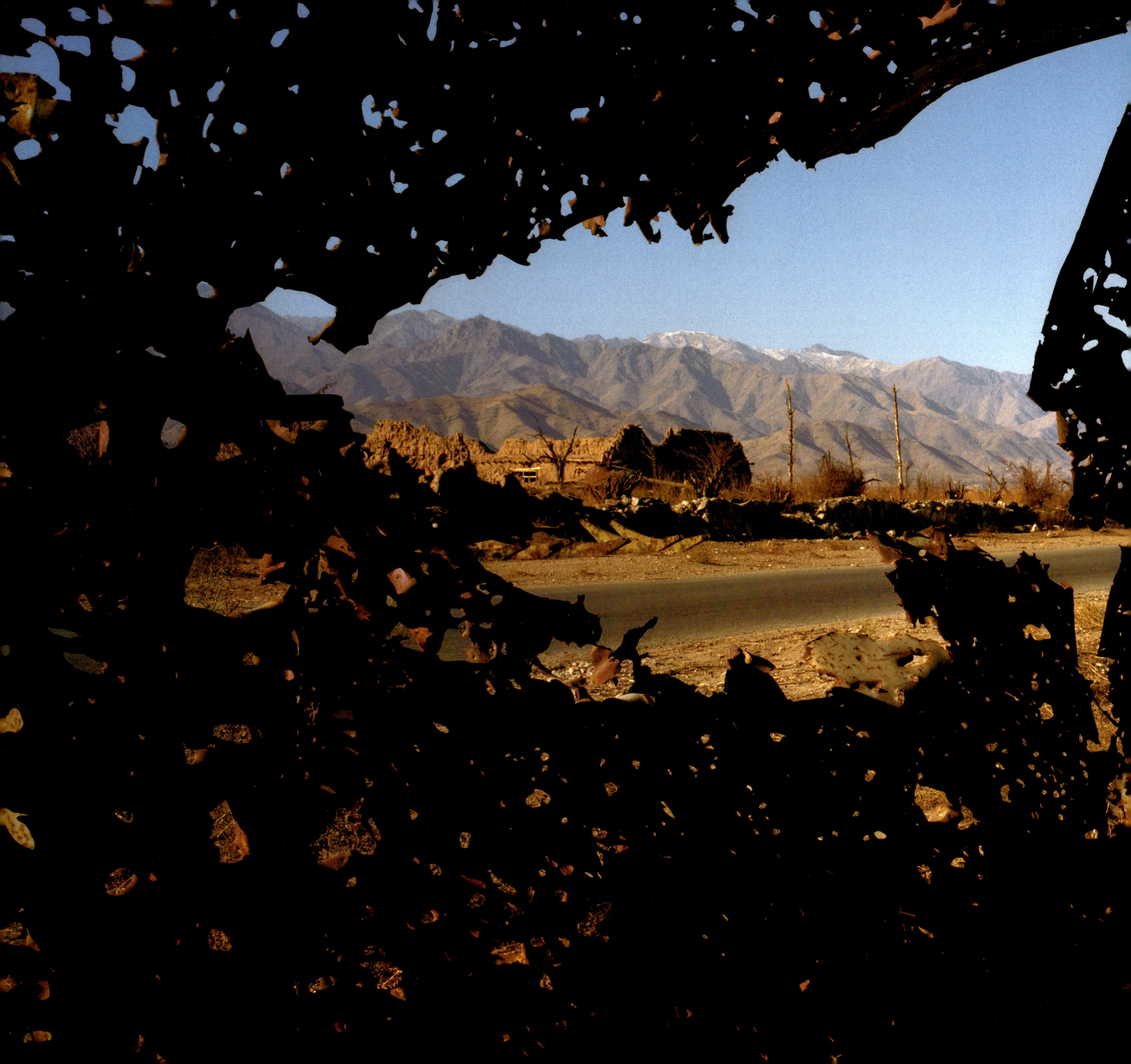

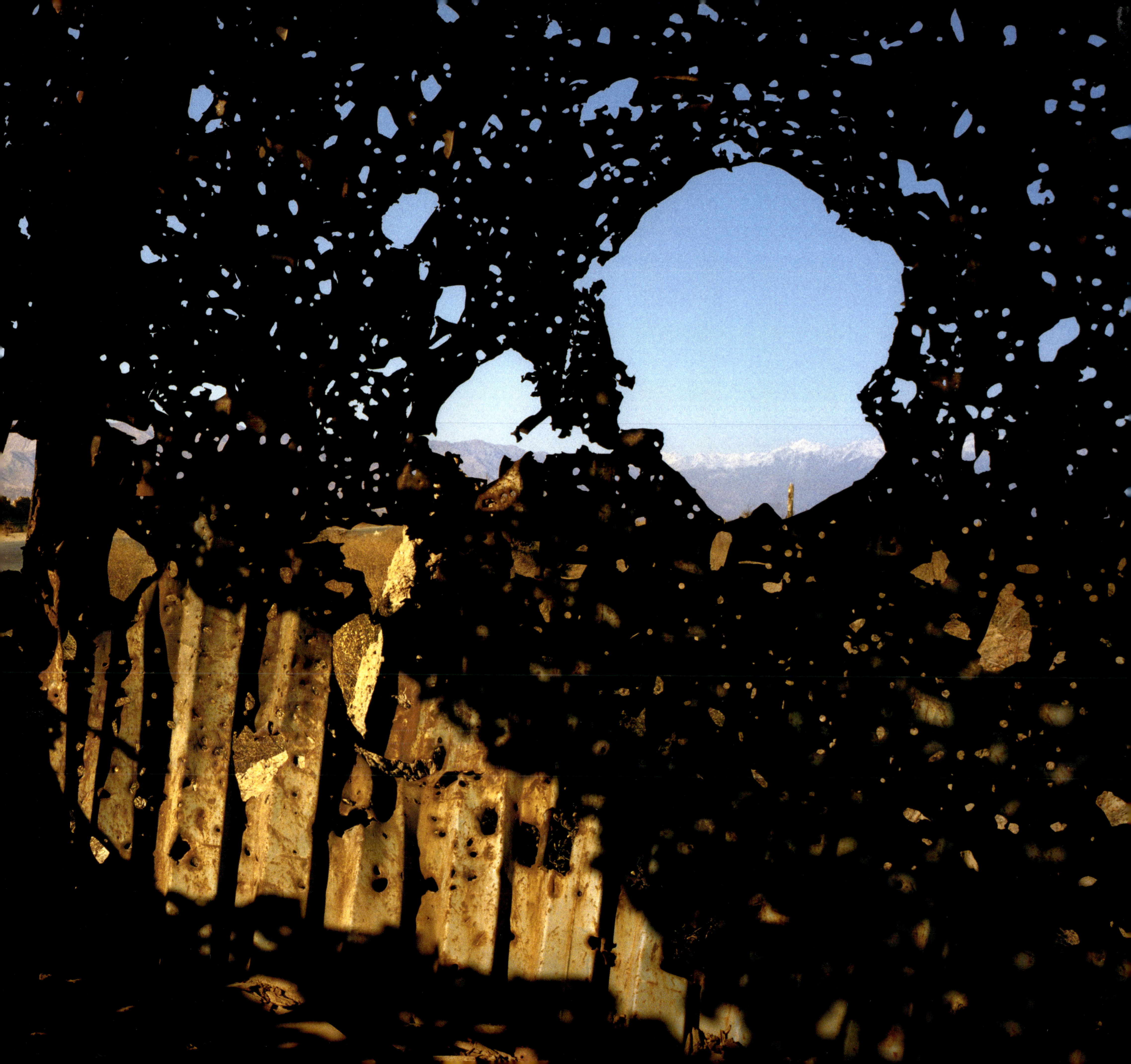

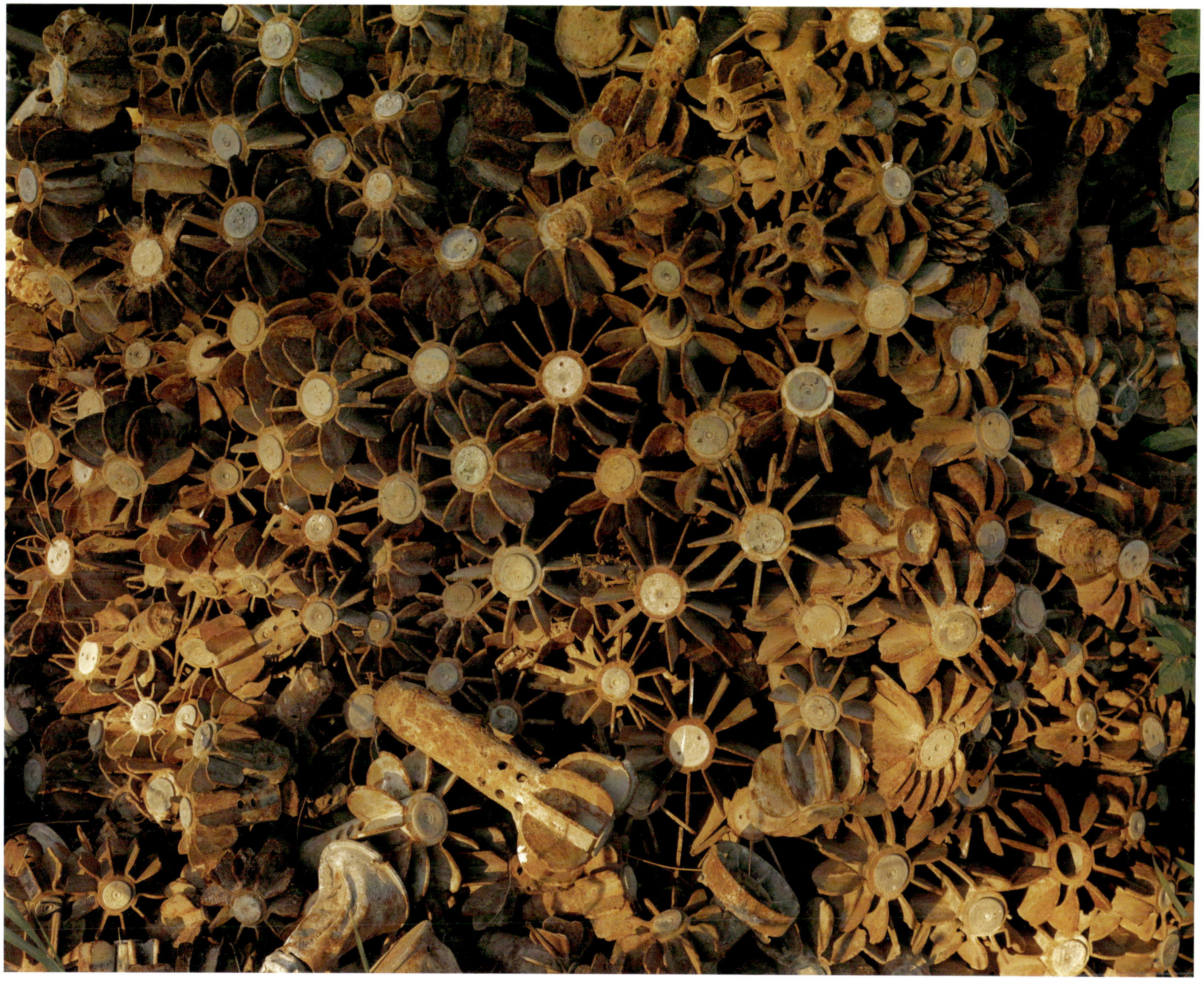

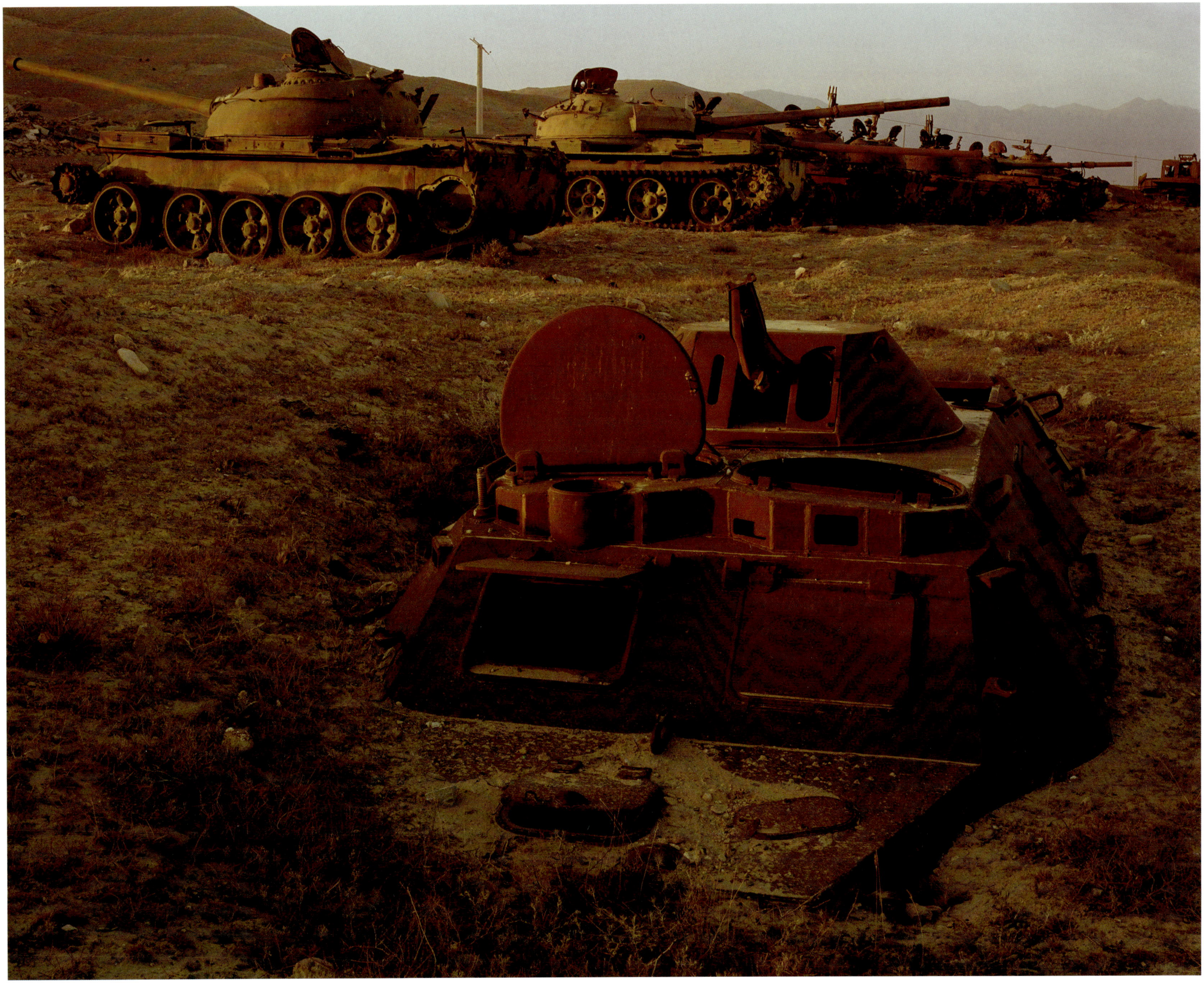

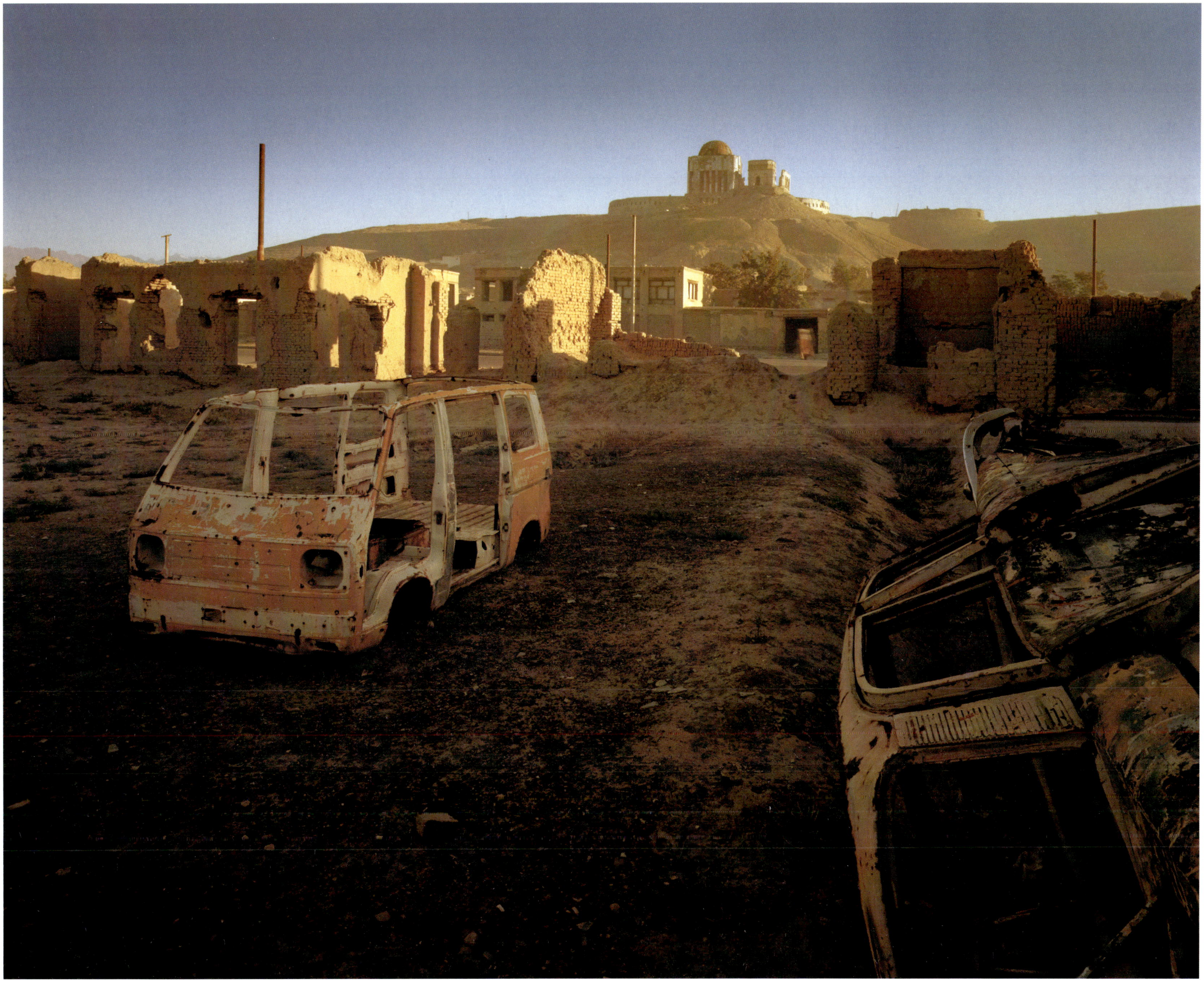

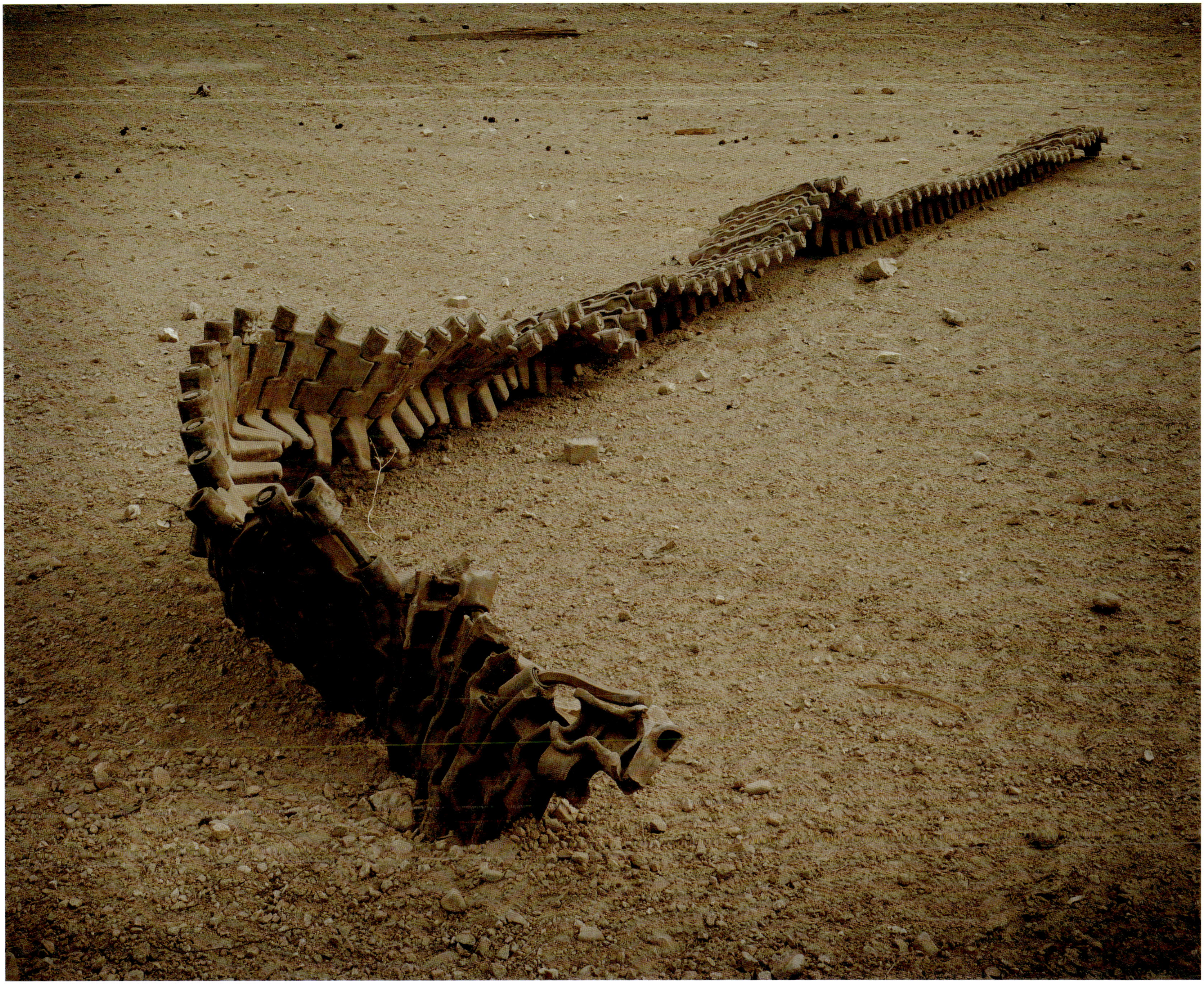

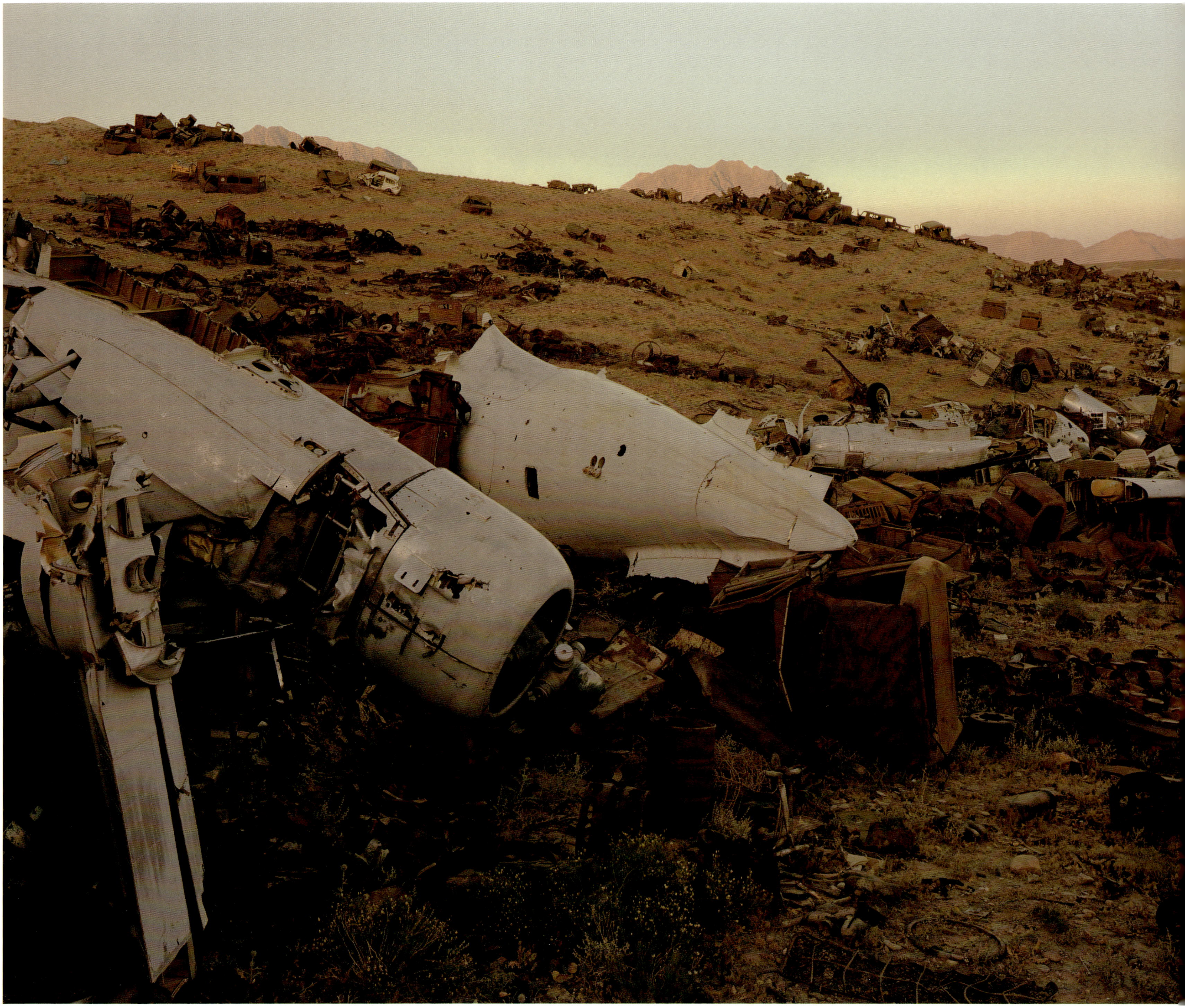

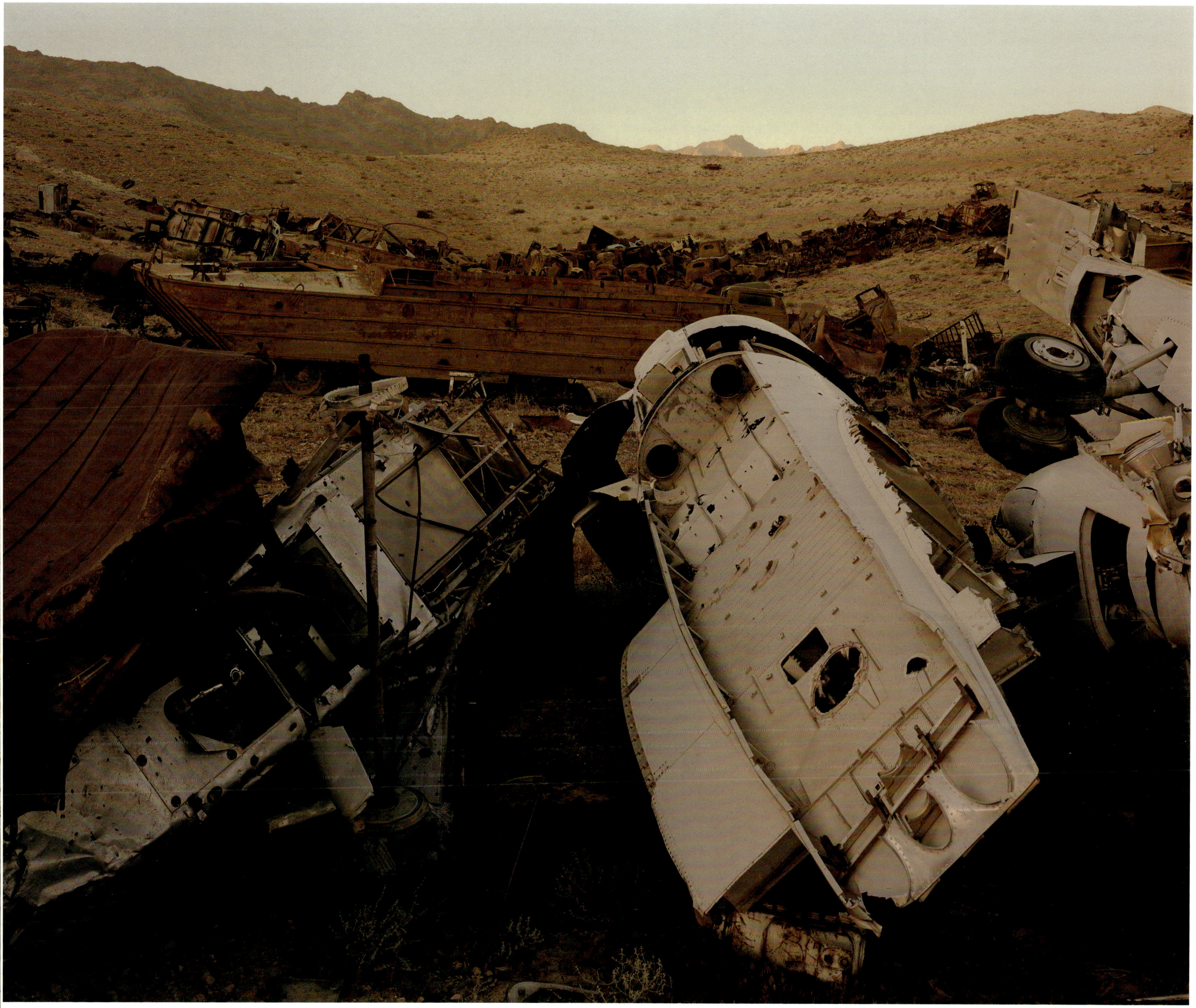

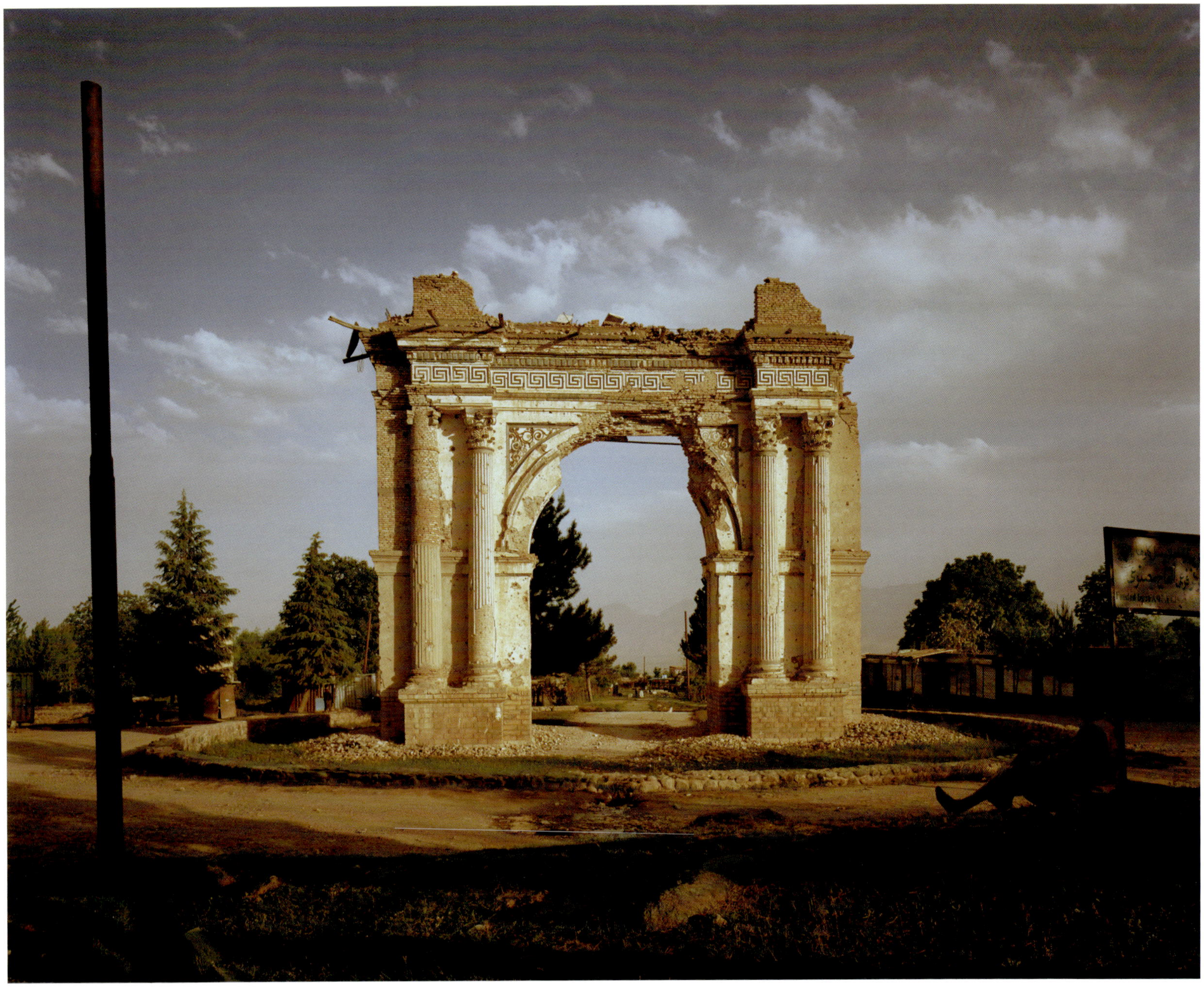

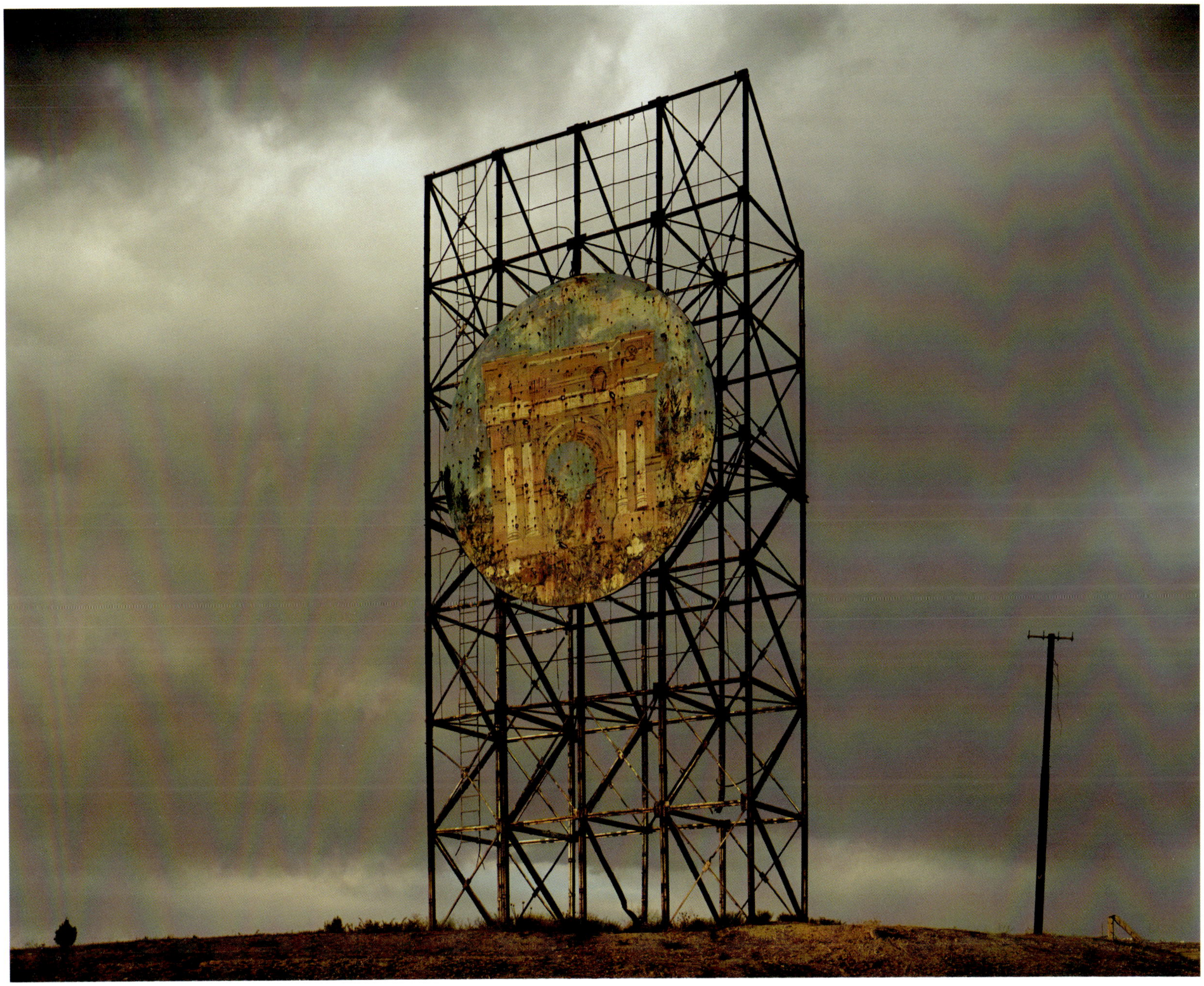

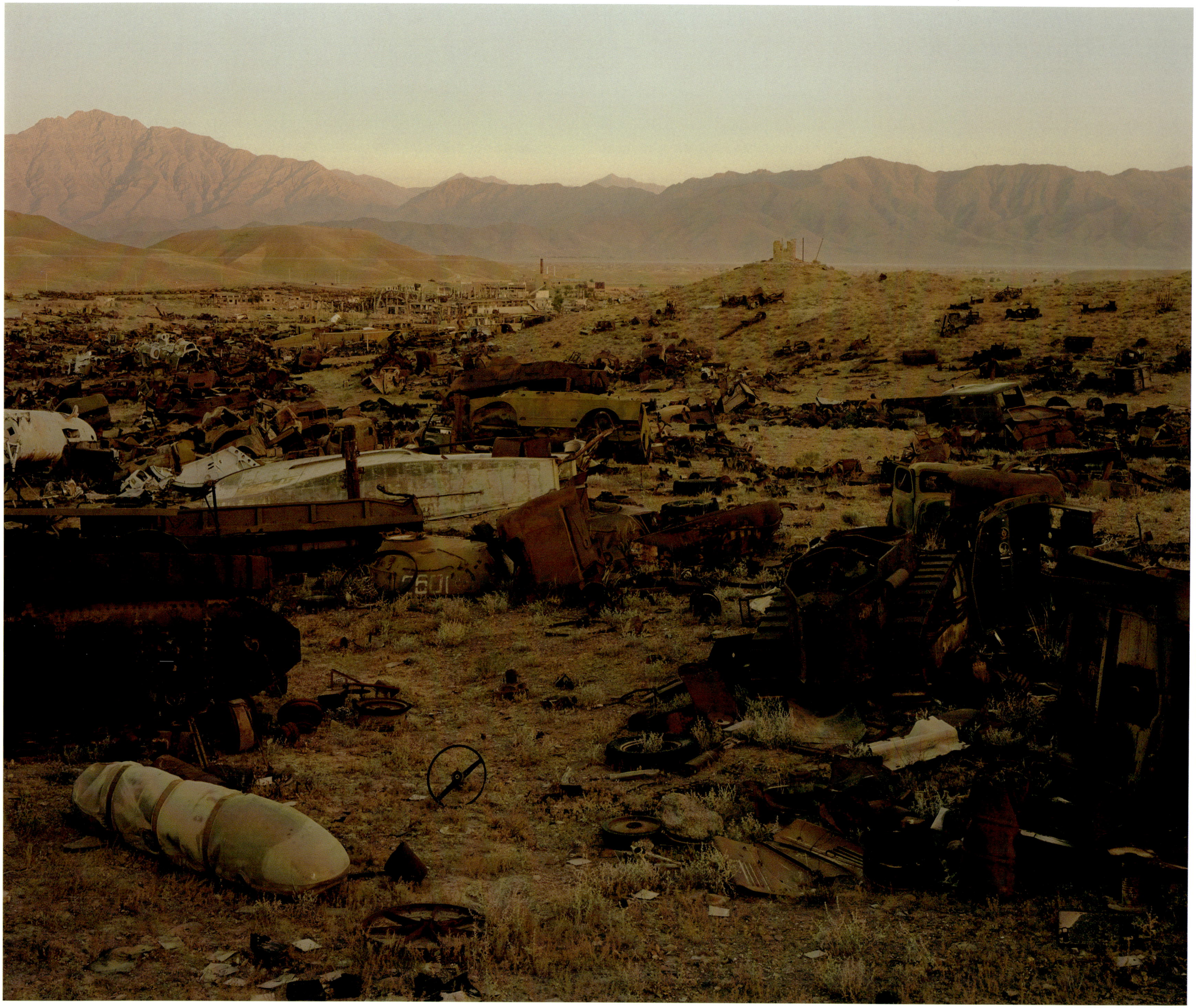

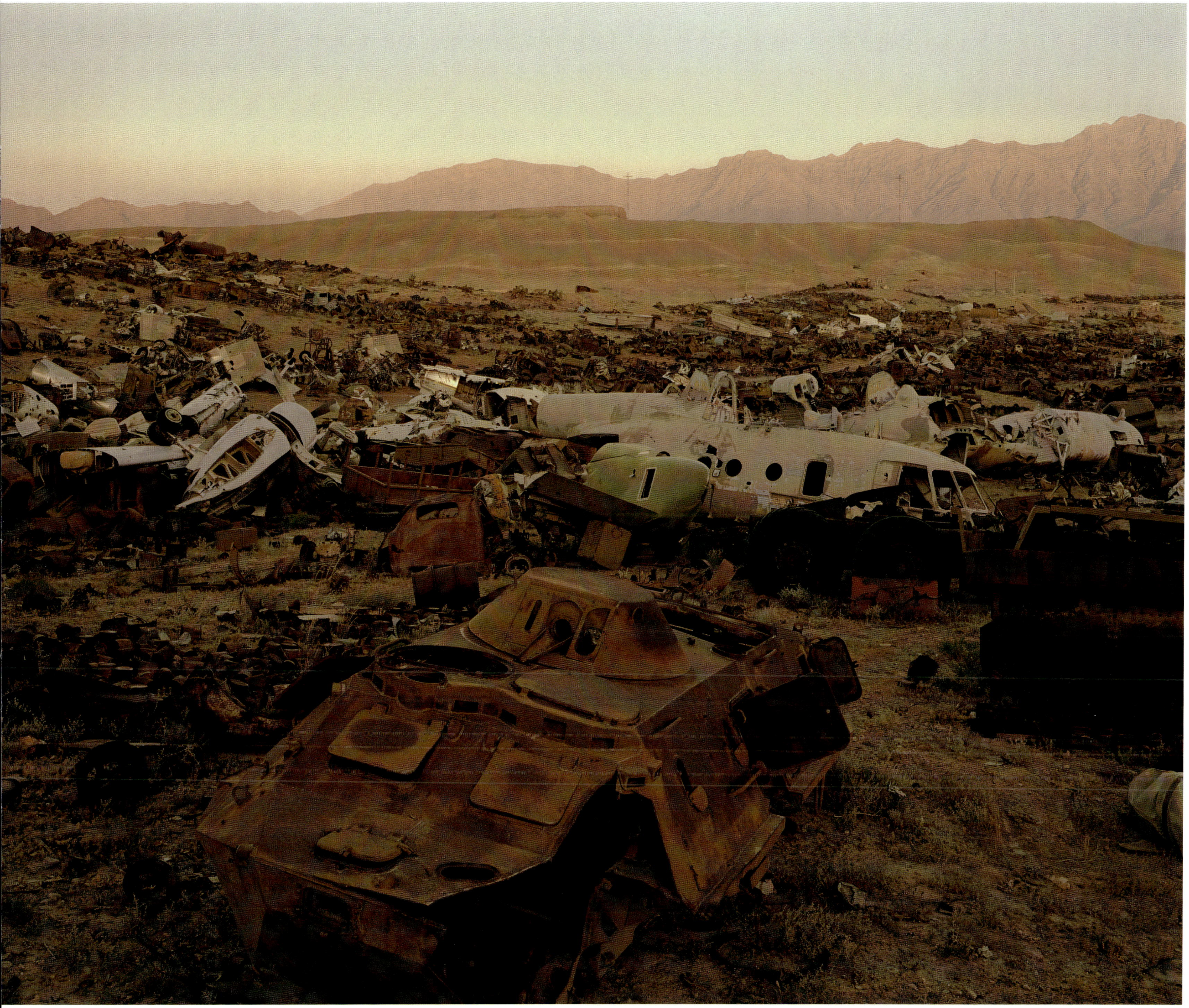

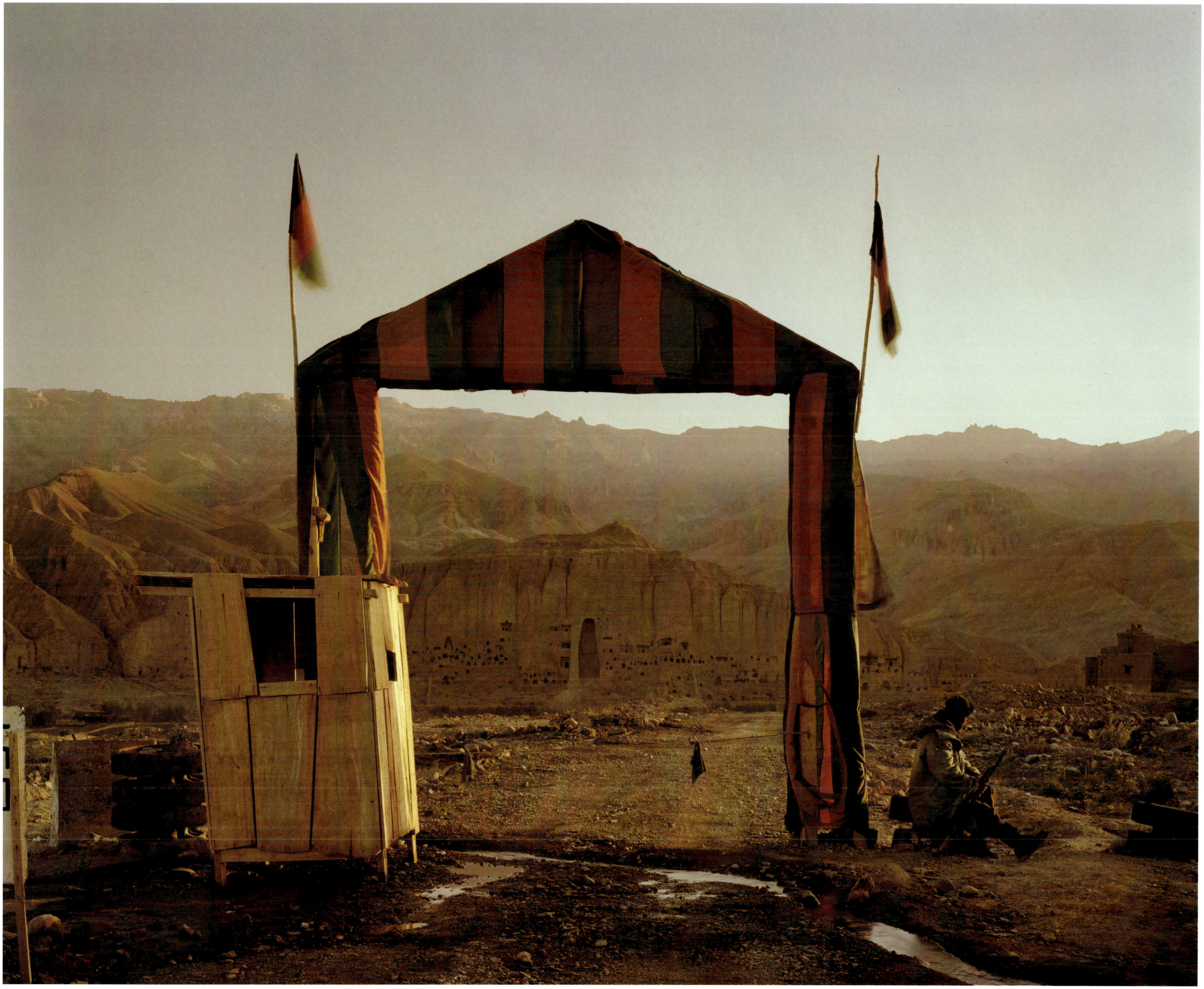

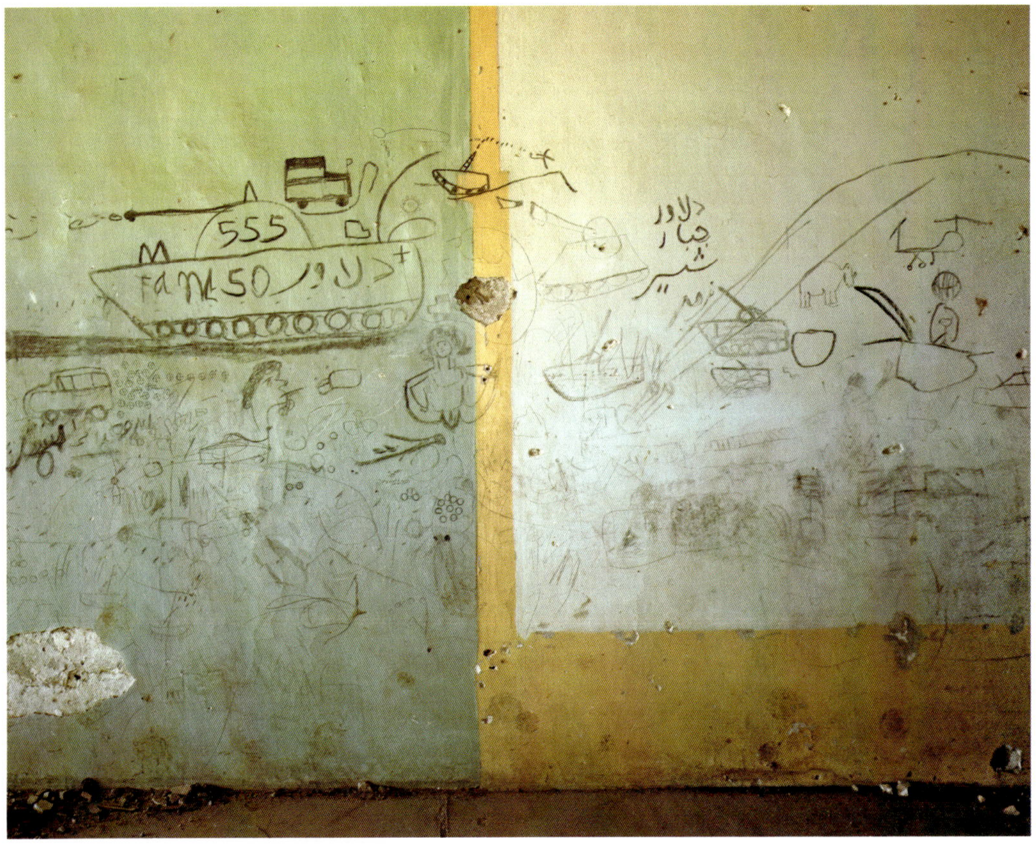
555

I AM AN AMERI-CAN
ON EARTH
PROUD TO BE AN AMERIcan
Melissa
Peace on earth
THANK YOU!!
We are proud of you!!
Proud to be an American
I love America
Hope You win the war!
Proud to be an American
Britany

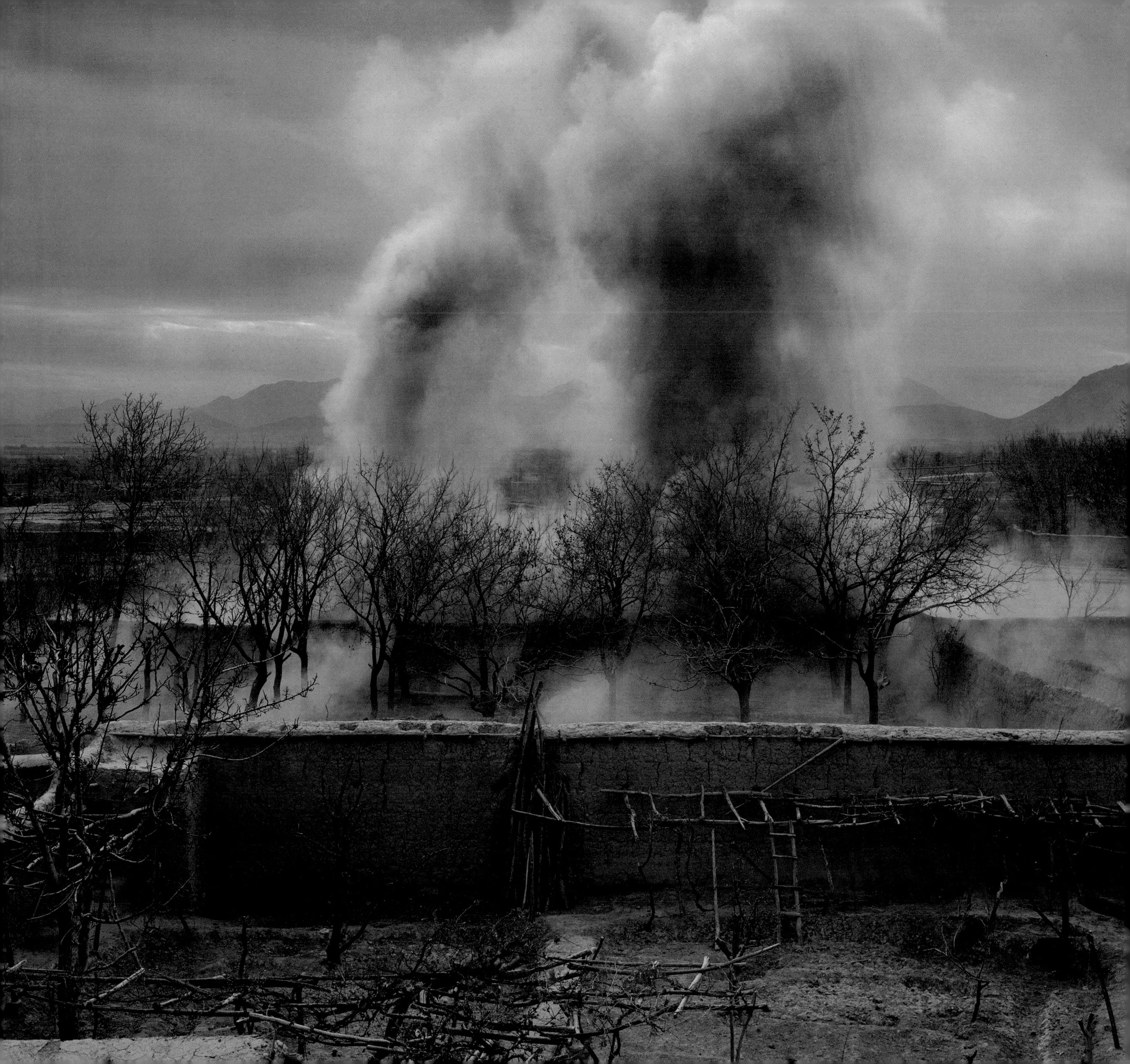

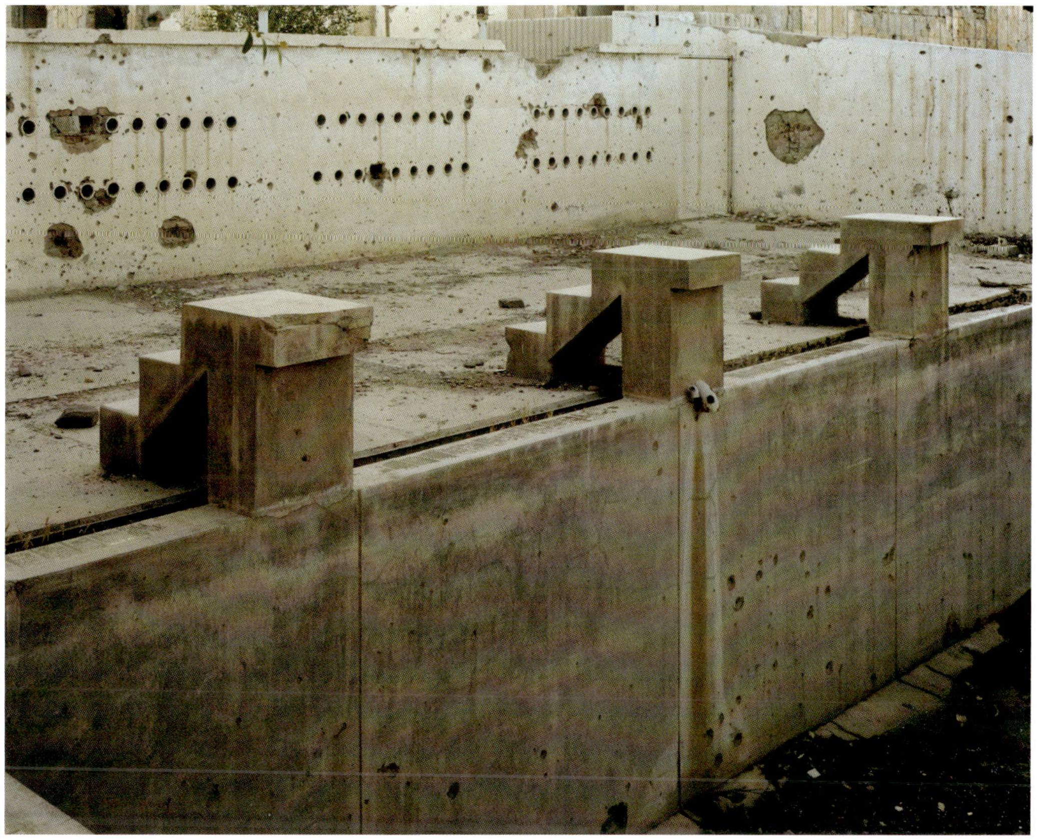

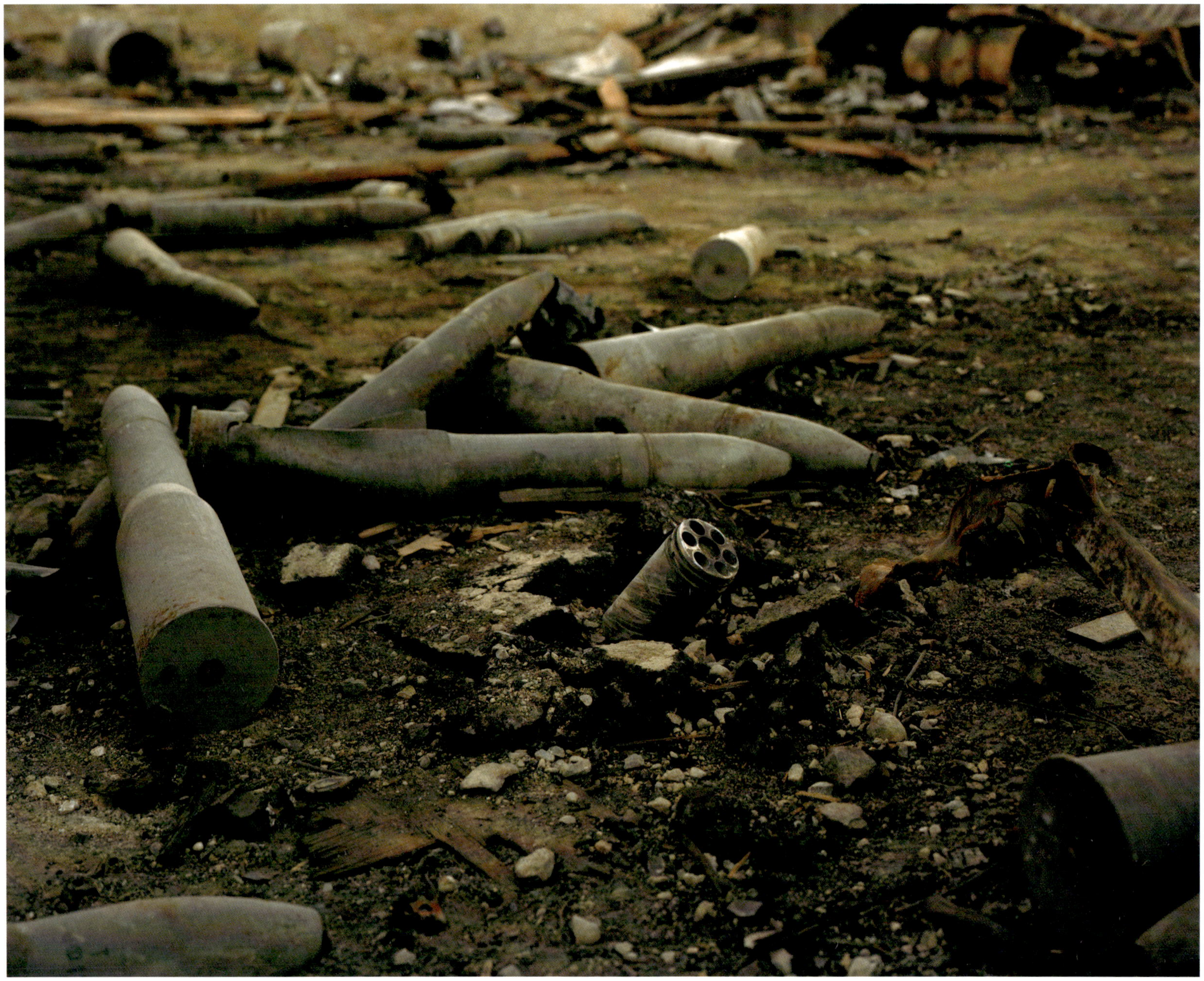

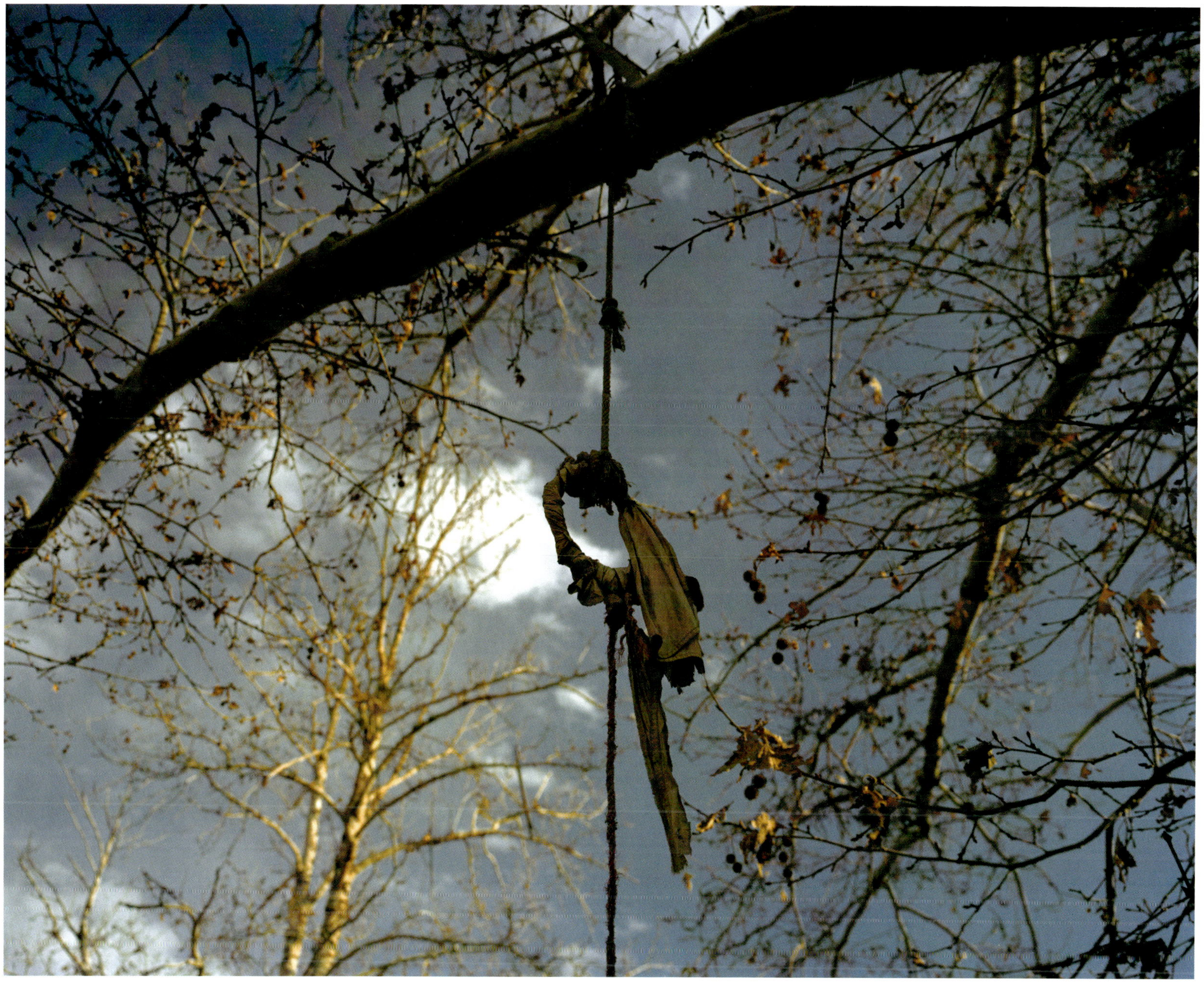

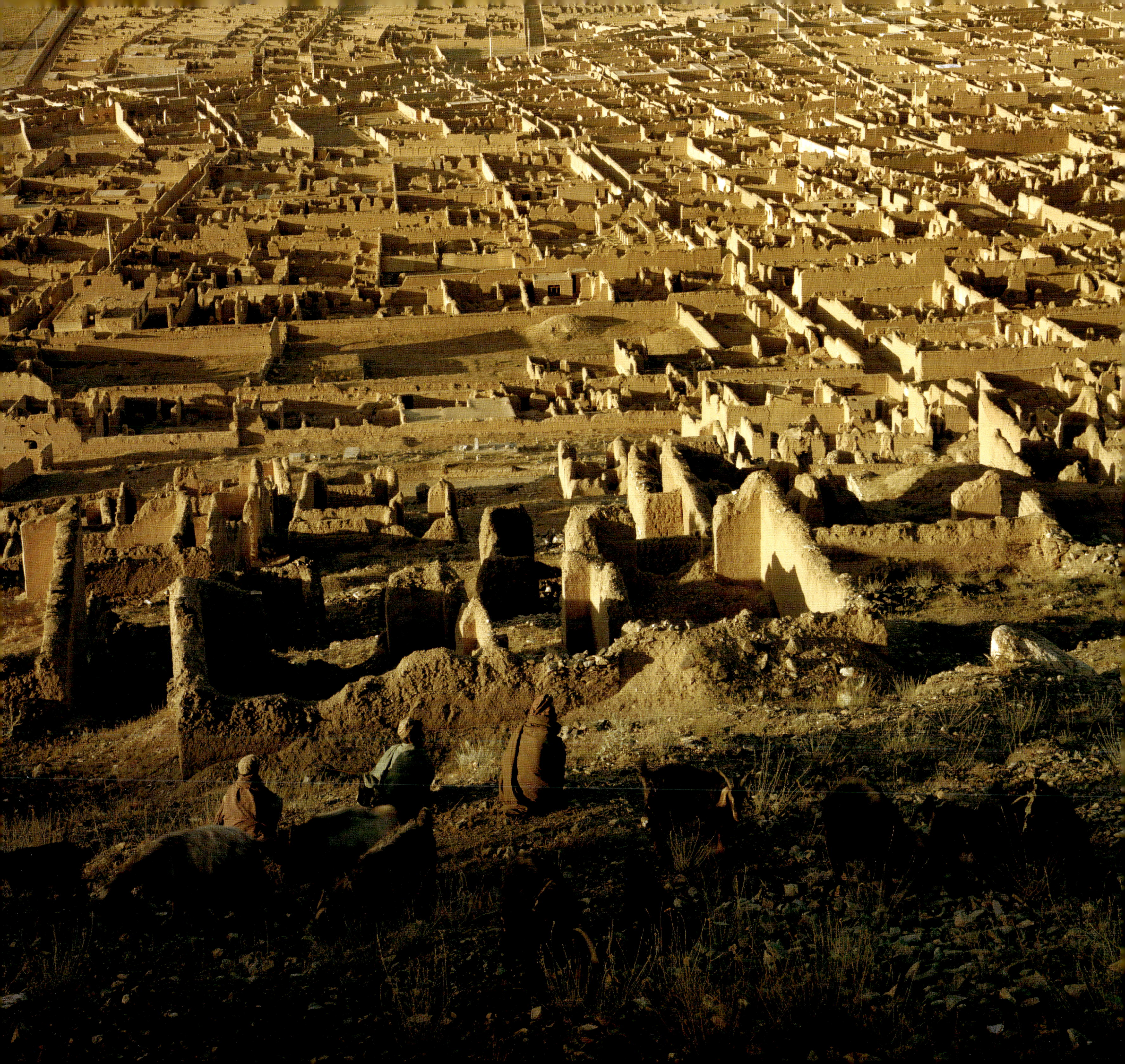

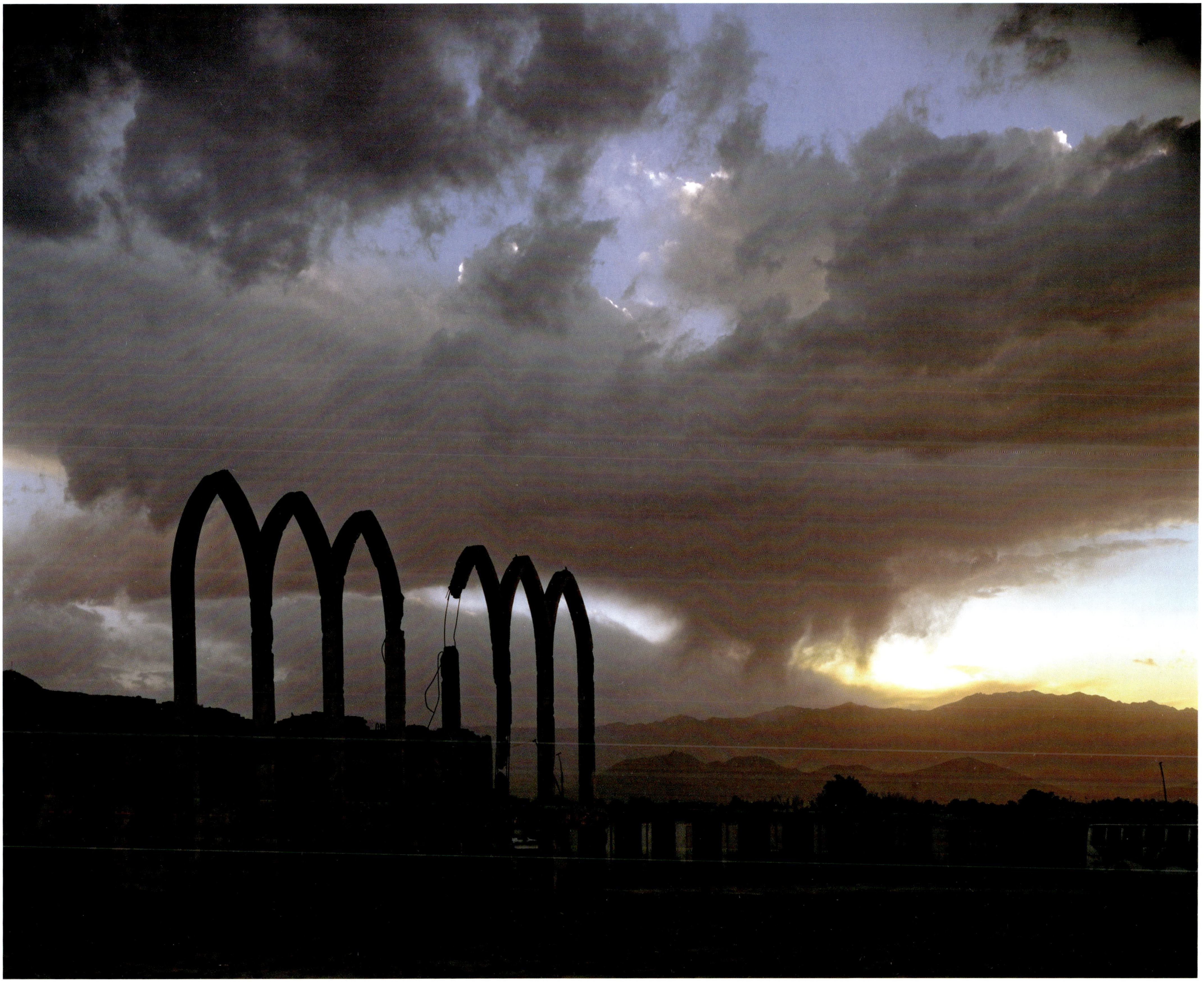

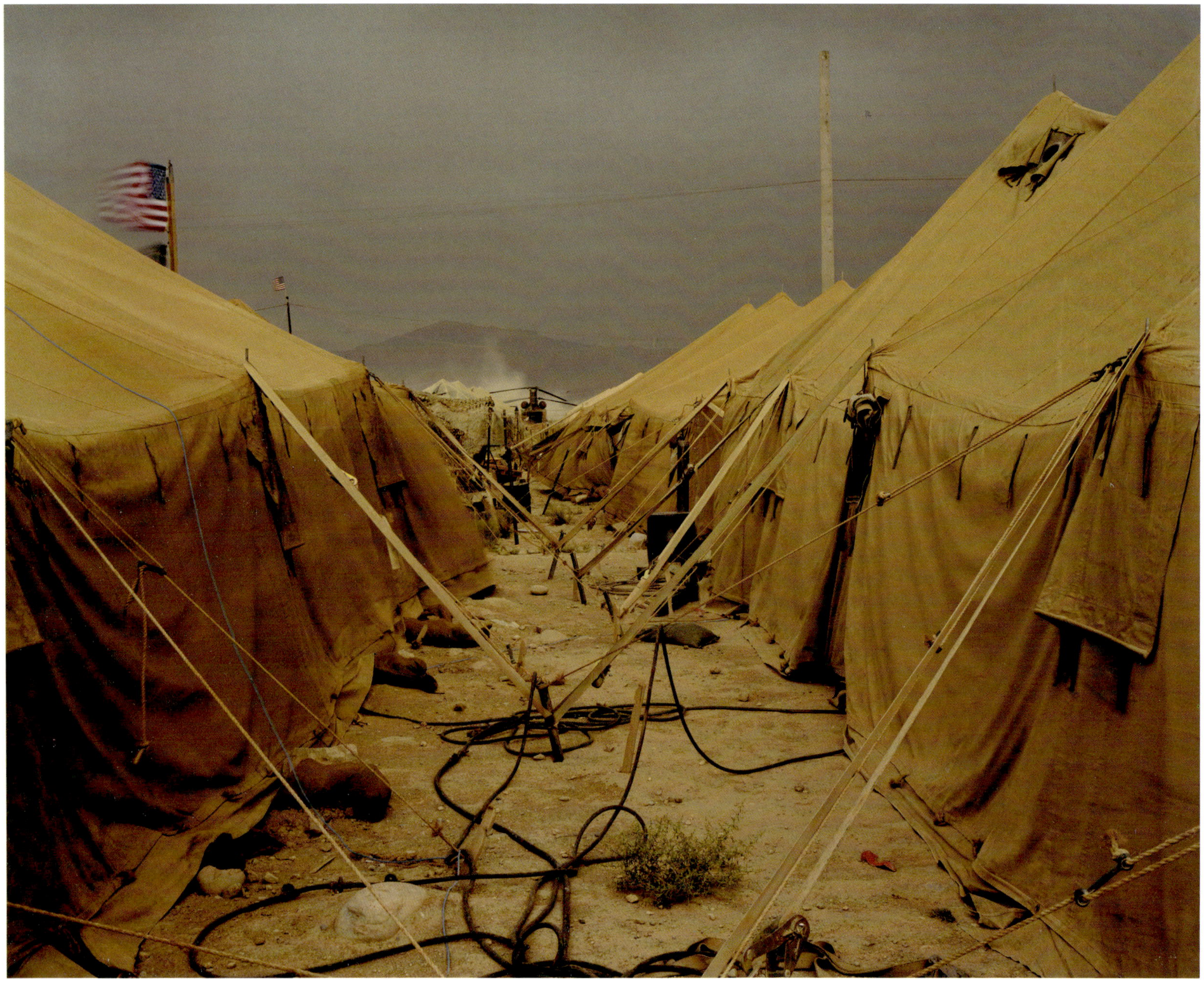

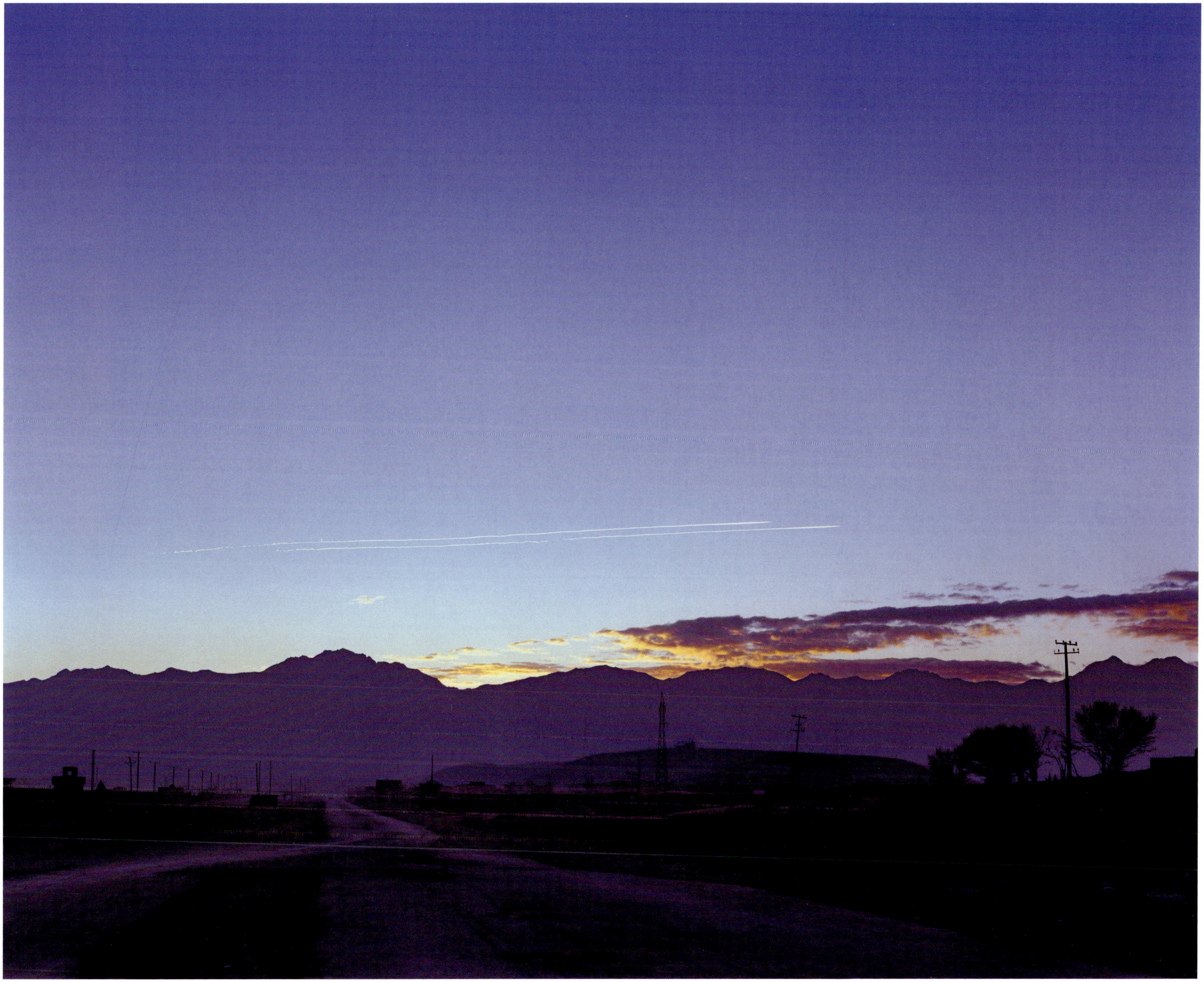

afghanistan
zero

Ein Regierungsgebäude nahe dem ehemaligen Präsidentenpalast in Darulaman; Anfang der 90er Jahre während Kämpfen zwischen Rabbani und Hazaras zerstört.

Eingestürtzte Lawinenschutzstützen auf der Straße, die zum Salang Tunnel führt. Diese verkehrsträchtige Straße durch den Hindu Kush war ein lebenswichtiger Versorgungsweg zwischen den sich bekriegenden Fraktionen.

Zerstörte militärische und zivile Radio-Einrichtung auf Kohe Asmai (bekannt als "Radio TV Berg") im Zentrum Kabuls. Gegen Westen Kabuls schauend.

Das Schwimmbecken des zerstörten Präsidentenpalastes in Darulaman.

Nahe Deh Mazang im Karte Char Bezirk von Kabul, Schauplatz heftiger Kämpfe Anfang der 90er Jahre zwischen rivalisierenden Mujaheddin. Rote Farbe an Gebäuden deutet auf nicht explodierte Munition hin. Der weiße Haken bedeutet, daß sie geräumt worden sind.

Der Chaman, einer der größten Boulevards Kabuls, wurde während des gegenseitigen Vernichtungskrieges der Mujaheddin zerstört. In den Ruinen haben sich Geschäfte in Holzhütten niedergelassen.

Der Shur Bazaar Bezirk in Kabul, zerstört von Langstreckenraketenangriffen zwischen kämpfenden Majaheddin Fraktionen 1994.

Ehemaliges Teehaus in einem Park nahe der Afghanischen Ausstellung über Wirtschaftliche und Soziale Errungenschaften im Shah Shahid Bezirk in Kabul. Luftballons waren unter den Taliban verboten, aber jetzt sieht man Ballonverkäufer überall auf den Straßen Kabuls. Den Kindern kann man damit eine nicht allzu teure Freude machen.

Sich unter Bäumen vor Luftangriffen versteckende Taliban-Panzer am Farm Hada Militärstützpunkt in der Nähe von Jalalabad. Der Stützpunkt wurde fast ganz von den Amerikanern bombardiert. Sie zerstörten einige betriebsfähige und viele ausrangierte Fahrzeuge und Gebäude. Das Gelände wird jetzt von ansässigen Bauern als Weideland genutzt.

Schwere Munition wurde von Achmed Schah Massoud bis an den Eingang des Salang Tunnels transportiert, falls er den Tunnel hätte sprengen müssen. Diese sowjetischen Cluster Bomben liegen nun auf dem Gelände der Grundschule in Olang.

Die Überreste von Antonov Frachtflugzeugen der Taliban Luftwaffe auf dem Flughafen von Kabul nach einem amerikanischen Bombenangriff.

Die A.T.C. De-mining troop (Minenentsorgertruppe) markieren ein Minenfeld in Khayrabad, südlich von Kabul, bevor sie mit der Minensuche beginnen. Die Minen liegen auf der roten Seite; weiß gestrichene Felsbrocken am Hang weisen auf minenfreie Zonen hin.

Flugzeughallen des Militärs auf dem Flughafen von Kabul, die Ersatzteile für Flugzeuge und Hubschrauber beherbergten. Sie wurden von amerikanischen Bomben zerstört.

Rostende Anti-Aircraft Canon Casings auf Kohe Asmai (bekannt als "Radio TV Berg") im Zentrum Kabuls.

Ein mit Steinen gefüllter, gepanzerter Mannschaftstransportwagen aus der Sowjet-Zeit hält auf der Straße zum Salang Paß als vorübergehender Brückensockel her.

Das Backsteinmauerwerk in Hussain Khil, östlich von Kabul. Durch den massiven Wiederaufbau Kabuls, ist die Nachfrage nach Backsteinen hochgeschnellt.

Beschädigte FM Radio Antenne in Yachka Tot, östliches Kabul.

Ehemaliger Kulturpalast in dem Karte Char Bezirk von Kabul. Der Komplex beherbergte Vorlesungsräume, Tennisplätze, ein Schwimmbad und ein Kino. Er ist jetzt das Zuhause zurückgekommener Flüchtlinge.

Zertrümmerte Ariana Afghan Airlines Jets auf dem Flughafen von Kabul, die man auf das verminte Gelände am Rande des Vorfeldes geschoben hat.

Heckflossen von sowjetischen Luftbomben aus den 80er Jahren (möglicherweise Cluster Bomben) werden jetzt als Feldabgrenzungspfosten eingesetzt. Das Dorf Olang Kalandashah am Salang Paß.

Alter Doppeldecker auf einem Sockel auf dem Ausstellungsgelände in Kabul. Kämpfende Vögel sind der ganze Stolz afghanischer Männer, doch wurden sie von den Taliban als anti-islamisch verboten.

Ein ehemaliger Artillerie-Standort der Taliban in der Nähe des Luftwaffenstützpunktes Bagram mit verstreuten 155mm Artillerie Granaten und das Bettzeug und Decken der getöteten Waffenmannschaft.

Hausmeister in den Ruinen eines Militärgebäudes auf der Jadayi Darulaman.

Das Innere des total zerstörten Präsidentenpalastes in Darulaman. Er wurde zuerst von den Sowjets beschädigt und später während der Kämpfe zwischen den Rabbani und den Hazaras 1992.

Kugelübersätes Freiluftkino im Kulturpalast im Karte Char Bezirk von Kabul.

Ein Schiffscontainer in dem sich, beim Erblicken feindlicher Gewehre, Soldaten versteckten, während sie ihre Stellung wechseln mußten. Die Frontlinie zog sich einige Male durch diesen Teil der Shomali Ebene.

Mit Raketenangriffen auf Kabul in den Jahren 1993-4 zerstörte ein ehemaliger Befehlshaber der Majaheddin, Gulbuddin Hikmetyar, die komplette Busflotte Kabuls, im Ganzen 4000 Fahrzeuge. Die Überreste der meisten Fahrzeuge wurden nach Gulf Bagrami am Stadtrand Kabuls geschleppt, wo sie seitdem für Ersatzteile ausgeschlachtet werden.

Heckflossen von Minenwerfern zusammengetragen im B.A.C Minen-Ensorgungs-Center in Kabul. Vier UN-Minenentsorger wurden in diesem Center bei einem Cruisemissile-Angriff der Amerikaner im Oktober 2001 getötet.

Die Ruinen eines Oberleitungsbushofs in Gulf Bagrami am Stadtrand von Kabul.

Verlassene Panzer und gepanzerte Mannschaftstransportwagen in der Wüste nahe Qual-y-Shanan, östliches Kabul.

Von Kugeln übersäter Wohnblock und Geschäfte im Karte Char Bezirk von Kabul. Hier kämpfte Hikmetyar gegen Rabbani und dann Rabbani gegen die Hazaras.

Das Mausoleum des toten Königs Nadir Schah (gest. 1793), Shah Shaheed Bezirk, Kabul.

Spur eines zerstörten Panzers der Taliban am Militärstützpunkt Farm Hada in der Nähe von Jalalabad.

Ein von der Nördlichen Allianz erbauter Siegesbogen am Eingang des Hauptquartiers des ansässigen Kommandanten in Bamiyan. Die leere Nische beherbergte den kleineren der beiden Buddhas, die von den Taliban 2001 zerstört wurden.

König Amanullahs Siegesbogen wurde 1919 erbaut, um den Sieg über die Briten und die gewonnene Unabhängigkeit zu feiern. Paghman, Provinz Kabul.

Graffiti an den Wänden des Nationalen Theaters, das der Armee von General Ahmed Rashid Dostum während der Machtkämpfe um Kabul in den frühen 90er Jahren als Quartier diente.

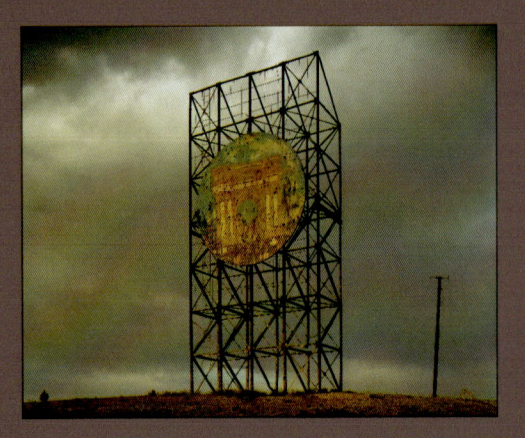

Plakatwand über dem Ausstellungsgelände, das den Paghman Siegesbogen zeigt, Kabul Zentrum.

Wandgemälde von amerikanischen Schulkindern im Kasino des amerikanischen Militärstützpunktes in Bagram.

Unüberschaubare Mengen kaputter militärischer Ausrüstung wurde in der Wüste hinter der Militärisch-Technischen Akademie in Qal-y-Shanan am östlichen Stadtrand Kabuls abgeladen.

Kontrollierte Zerstörung durch den Halo Trust amerikanischer Clusterbomben, die versehentlich auf ein Dorf und die Obstplantagen von Aqa Ali-Khuja in der Shomali Ebene im Norden von Kabul abgeworfen wurden.

Das Schwimmbad des ehemaligen Kulturpalastes, Karte Char Bezirk, Kabul.

Der alte Bushof für Jalalabad-Kabul Busse.

BM-12 Rakete, aus ihrem Rohr heraus- und ohne zu explodieren in den Boden geschossen. Die Khar Khana Kasernen in Kabul, von amerikanischen B-52 Angriffen vollkommen zerstört.

"Viper City", das Lager der 101-sten Luftlande-Division der amerikanischen Armee am Bagram Stützpunkt.

Eine am Baum hängende Schlinge im Rishkor Al-Kaida Lager, die für Prügelstrafen benutzt wurde. Es wird behauptet, das der von den Amerikanern unterstützte Oppostionsführer Abdul Haq von den Taliban mit dieser Schlinge erhängt wurde.

Amerikanische Bombenflugzeuge, die auf der Suche nach Al-Kaida-Zielen in Tora Bora sind und sie angreifen; vom Standrand Kabuls aus gesehen.

Der Bezirk Afshar im westliche Kabul. Dieses Hazara Viertel wurde in den frühen 90er Jahren während der ethnischen Kämpfe zwischen seinen Bewohnern und Rabbani Streitkräften völlig zerstört.

chronologie

Darius I von Persien und Alexander der Große fielen als Erste in Afghanistan ein. Das Land eröffnete ihnen den Zugang nach Indien. Im 7. Jahrhundert folgten ihnen die Islamischen Eroberer und im 13ten und 14ten Jahrhundert Genghis Khan und Tamerlan. Diese Eroberer hinterließen alle ihre Zeichen.

Um 1750 gründete Achmed Schah Durrani einen Staat, den man als Vorläufer Afghanistans sehen kann. Seine Herrschaft erstreckte sich von Zentralasien bis nach Delhi und von Kaschmir bis hin zum Arabischen Meer.

Im 19. Jahrhundert fochten das imperialistische Großbritannien und das zaristische Rußland um die Vorherrschaft in Zentralasien auf afghanischem Grund. Die drei Anglo-Afghanischen Kriege (1839-42, 1878-80 und 1919) kamen zu keinem Ergebnis, und Afghanistan erlangte erst im Jahre 1919 Unabhängigkeit von Großbritannien.

Während des Kalten Krieges knüpfte Mohammed Sahir Schah enge Kontakte mit der Sowjetunion und nahm umfangreiche wirtschaftliche Hilfe aus Moskau entgegen. Nach seinem Sturz 1973 folgte ein Jahrzehnt der Instabilität; liberale Reformisten wurden auf der einen Seite von radikalen Marxisten bedrängt, die sich enger an Moskau binden wollten und auf der anderen Seite von bewaffneten Konservativen, die von Washington unterstützt wurden und einen islamischen Staat erzwingen wollten. Ein Zusammenbruch der Regierung schien unabwendbar und so entschied sich Moskau im Dezember 1979 zu einer groß angelegten Invasion des Landes.

Die Sowjets trafen auf heftigen Widerstand von Seiten der Mujaheddin, die sich schon durch ihren Widerstand gegen die liberale Regierung gestärkt hatten. Anfänglich unabhängig und mit veralteten Waffen ausgerüstet, wurden sie doch schon bald in die rivalisierende Politik des Kalten Krieges mit hineingezogen. Washington begann heimlich hochentwickelte Waffen in Millionen Dollar Höhe nach Afghanistan zu schleusen. Die CIA übernahm die führende Rolle bei der Bereitstellung von Geldern und bei der Ausbildung. Iran, China, Pakistan und Saudi Arabien gaben zusätzlich ihre militärische Unterstützung, da auch sie die UdSSR schwächen wollten. Moskaus Truppen hatten sich bald in einem brutalen, nicht zu gewinnenden Konflikt festgefahren – erschöpft und geschlagen baten sie schließlich um Frieden. Im Februar 1989 wurde der sowjetische Rückzug beendet und hinterließ der pro-sowjetischen Regierung unter Präsident Najibullah die prekäre Kontrolle über Kabul.

(Der Preis dieses Jahrzehnts der Kämpfe ist nur schwer zu schätzen. In diesem aus der Ferne geführten Krieg zwischen den USA und der UdSSR verloren schätzungsweise fast eine Million Afghanen ihr Leben und an die 5.000.000 wurden zu Flüchtlingen gemacht. Viele argumentieren, daß die CIA mit der finanziellen Unterstützung und der Ausbildung des Widerstands gegen die Sowjets die radikalen Islamisten erschaffen hat, die später zu den Terroristen des 11. Septembers wurden.)

Als die Mujaheddin schließlich im April 1992 Kabul eroberten, begann auch bald der Kampf um die Macht zwischen den Anführern der verschiedenen Fraktionen. Anarchie folgte; Zehntausende wurden getötet; Kabul wurde durch wiederholte und oft ziellos ausgeführte Raketenangriffe verwüstet und ganze Bezirke der Stadt wurden ethnisch gesäubert.

Im Jahre 1994 bildete sich aus unklarer Herkunft als Alternative zu den sich selbst dienenden internen Machtkämpfen der Mujaheddin eine Gruppe, die sich die Taliban nannte. Sie wurde vom pakistanischen Nachrichtendienst angestiftet und kontrolliert und von Saudi-Arabien finanziert. Anfänglich beliebt, erzielten sie zahlreiche militärische Siege quer durch Afghanistan und rissen schließlich im September 1996 die Kontrolle über Kabul an sich. Ende 1998 kontrollierten die Taliban fast 90 % des Landes. Achmed Schah Massouds Opposition wurde in eine bergige Ecke des Nordostens verbannt.

Die gnadenlose Politik der Taliban, schwere Menschenrechtsverletzungen sowie ihre ultra-konservative Interpretation des Islam isolierte sie von der internationalen Gemeinschaft und unterdrückte das afghanische Volk. Im März 2001, trotz internationaler Proteste, zerstörten die Taliban die prächtigen Buddha-Statuen in Bamiyan, die aus dem zweiten und fünften Jahrhundert stammten. Außerdem verdächtigte man die Taliban ihr Land für Trainingslager für ausländische Terrororganisationen zur Verfügung zu stellen. Am 20. August 1998 traf ein amerikanisches Cruisemissile einen Al Kaida TrainingsKomplex nahe der östlichen Stadt Khost. Dies war ein Versuch, Osama Bin Laden zu töten, der verdächtigt wurde, an den Bombenangriffen auf die amerikanischen Botschaften in Kenia und Tansania am 7. August beteiligt gewesen zu sein. Nach der katastrophalen Zerstörung des World Trade Centres und des Pentagons am 11. September 2001 wurde Bin Laden als Hauptverdächtiger gebrandmarkt und die Taliban angeklagt, gesuchten Kriminellen Unterschlupf zu gewähren.

Am 7. Oktober, nachdem sich die Taliban mehrfach geweigert hatten, Bin Laden auszuhändigen, begannen die USA (unterstützt von den Briten) mit Luftangriffen als Rache für die Terroranschläge des 11. Septembers. Es folgten 5 Wochen heftiger Luftbombardierung, bei der alles von präzisionsgesteuerten Waffen bishin zu Cluster Bomben, B-52 Bombenteppiche und Blue-82 "Daisy Cutters" eingesetzt wurden. Als die amerikanischen Angriffe vorbei waren, marschierte die Nordallianz in Kabul ein, wo sie auf fast keinen Widerstand trafen. Als am 7. Dezember die Truppen der Taliban aus ihrem letzten Stützpunkt in Kandahar fliehen mußten, brach ihr Regime restlos zusammen. Sie liefern sich jedoch immer noch kleinere Gefechte in den Bergen im Osten des Landes.

Obwohl die Möglichkeit einer realen Demokratie unter der Regierung von Hamid Karzai Realität werden könnte, so hat sie doch einen schrecklichen Preis. Tausende haben bei der amerikanischen Bombardierung ihr Leben gelassen, und die schon durch Jahrzehnte des Krieges zerrüttete Infrastruktur Afghanistans ist nun vollkommen vernichtet. Der Anführer der Taliban Mullah Omar und Osama bin Laden laufen weiterhin frei herum.

S. N.

London
July 2002

European Publishers Award
for Photography 2002
Ninth edition

Jury

Jean-Paul Capitani
Actes Sud

Dewi Lewis
Dewi Lewis Publishing

Günter Braus
Edition Braus

Andrès Gamboa
Lunwerg Editores

Mario Peliti
Peliti Associati

Paul Mellor
Open Eye Gallery

Gero Furchheim
Leica Camera AG

Copyright © 2002

For the photographs and text
Simon Norfolk

For this edition
*Actes Sud (France)
Dewi Lewis Publishing (United Kingdom)
Edition Braus (Germany)
Lunwerg Editores (Spain)
Peliti Associati (Italy)*

Design
*Jonathan Towell
07958 638 466*

Production
Dewi Lewis Publishing

Print
EBS, Verona

All rights reserved
ISBN: 3-89904-025-2

For further information on Simon Norfolk
www.growbag.com

Simon Norfolk would like to thank:

Translators
Dorothee Gillessen
Antonio Humberto Zazueta Olmos
Carole Patton

Jonathan Towell
Dewi Lewis and Caroline Warhurst
Kathy Ryan
Shirley Read
Specialist Jeremy Guthrie
Harriet Logan
Jenny Matthews
Regina Rylanda
Fl. Lt. Jol Fall
Steven Robert Coleman
Paul Lowe
Brett Rogers and staff at the British Council
The staff and photographers at Growbag